生命卑微 不卑賤

Life is never perfect

正面思考：44

生命卑微不卑賤

編著　簡耀峰
出版者　大拓文化事業有限公司
執行編輯　廖美秀
美術編輯　林家維

總經銷　永續圖書有限公司
劃撥帳號　18669219
地址　22103 新北市汐止區大同路三段一百九十四號九樓之一
TEL （○二）八六四七—三六六三
FAX （○二）八六四七—三六六○
E-mail yungjiuh@ms45.hinet.net
網址 www.foreverbooks.com.tw

CVS代理　美璟文化有限公司
TEL （○二）二七二三—九九六八
FAX （○二）二七二三—九六六八

法律顧問　方圓法律事務所　涂成樞律師

出版日◇二○一四年四月

國家圖書館出版品預行編目資料

生命卑微不卑賤 / 簡耀峰編著. -- 初版.
-- 新北市 : 大拓文化, 民103.04
面 ;　公分. -- (正面思考系列 ; 44)
ISBN 978-986-5886-65-3(平裝)
1.生命哲學 2.通俗作品
191.91　　103002345

序言

◆真理與光明

——耶魯大學校訓

◆生命的頂峰是對生命本身的理解。

——（美國）喬治·桑塔亞納

提出問題是非常容易的，回答問題卻是特別困難的。例如，「我們為什麼活著？」「我們活著的意義是什麼？」「我們為什麼會死？」「對於我們而言，死亡的意義又是什麼」……這些問題與其所帶來的困惑和彷徨如影隨形般伴隨多數人的一生。在我們忙碌的時候，它們悄然退居幕後；在我們閒暇的時候，它們又驟然來到台前。其實，它們的源起都在於我們擁有生命。

生命如同一塊又黑又硬的麵包，饑餓時，我們不得不以這樣的麵包充饑。對生命的思考無法讓我們擁有另一塊麵包，卻可以重新焙烤這塊又黑又硬的麵包，使之變得香甜，讓我們在品嘗時不僅僅能夠充饑更能夠享受。我們相信，生命的目的並不是一場苦行僧式的生活，而是讓我們擁抱自己的生命，享受自己的生命。對此，我們需要做的就是思考我們曾經提出的問題。

無須好奇為什麼一定要回答這些問題，因為它們是所有問題的起點，也是所有問題的終點。當你問自己：為什麼要讀書？你可以回答說：為了獲得一份好的工作。當你繼續問自己，為什麼要工作？你可以回答說：為了更好的生活。當你繼續問自己：為什麼要生活？你就無從回答了。生活中的所有問題最終都會回到我們的生命上，我們不可能為了讀書而讀書，也不能為了工作而工作，更不能為了活著而活著。我們需要尋找生命存在的超越性意義，需要給自己做所有事情一個確定無疑的答案。也許我們的存在只是一個偶然，但只有給予了自己的存在一個意義，我們的靈魂才能安寧。我們才能理解什麼叫做生命，什麼叫做死亡，什麼叫做活著，什麼叫做靈魂，什麼叫做幸福……唯有如此，我們也才能找到自己前進的路，自己想要的生活，自己的夢想與執著，自己的超越與永恆。只有實現生命的真正意義，我們方可坦然地面對生命的終結。

古往今來，無數思想界的精英、哲學界的巨擘都渴望回答這些問題，他們成功了，也失敗了。成功之處在於他們找到了自己生命的答案，失敗在於他們無法讓自己提出的答案受到更多人的信服。不過，這些人為我們尋找答案指明了前進的路，只要願意，我們就可以跟隨他們的足跡繼續尋找屬於我們自己的路。

蘇格拉底、柏拉圖、叔本華、尼采、羅素等人類思想史上熠熠生輝的名字，正是指引我們前進的明燈。我們瞭解他們的思想，探討他們的哲學，從他們的智慧中尋找適合我們自己的答案。我們不需要跟從他們的路繼續前進，也不需要用他們的思想指導自己的人生，只需要體會他們之間思想的碰撞，吸取他們智慧發出的火花，讓我們的生命不再充滿黑暗。

正如哲學不是在傳授知識，而是在點燃智慧，生命哲學向我們展現生命哲思藍圖的同時，更點燃了我們善待生命的智慧。我們瞭解生命，才能熱愛生命；熱愛生命，才能讓生命釋放出光芒。尼采曾經說過：「一個人知道自己為了什麼而活，他就能夠忍受任何一種生活！」瞭解了生命的意義，張開生命智慧之眼的雙眸，我們就能夠以全新的眼光看待自己的生活，乃至命運。我們就會發現那些原本平平靜靜的生活竟然是如此的與眾不同，那些原本平白無奇的事物竟然是如此的值得擁有。而這一切，也能夠讓我們在生命終結的剎那安然無悔地離開。

無論你是否贊同這本書中的某些具體觀點，這並不重要。生命哲學課的目的並不是向學生去灌輸知識，也不是讓學生完全接受哲學教師的見解，而是讓學生領略生命的美妙，思考生命的意義，從而能夠真實地體驗自己的生命，擁有屬於自己的人生觀、價值觀。而最讓哲學教師感到欣慰的是，學生們可以領悟並且相信德國啟蒙思想家利希滕貝格的話「我的身體是世界的一部分，而我的思想能夠改變世界」。

目錄

第一輯活著：未完成的旅程

人生是一場未完成的旅行。我們可以隨意選擇自己的道路，這種選擇需要遵循生命本身的指引，否則便無法避免在複雜的世界中迷失自己。旅程中，我們將會瞭解自己是怎樣的一個「人」，瞭解作為一個「人」應該怎樣地活著，瞭解作為一個「人」應該怎樣超越自己的存在，瞭解作為一個「人」應該擁有怎樣的堅持與執著。

第一課　人性能達的境界

蠍子想過一條大河塘，但不會游泳，於是央求青蛙道：「你能載我過河嗎？」

青蛙回答道：「我怕你會在途中螫我。」

「不會的。」蠍子說，「我為什麼要螫你呢，你死了我也會被淹死的。」

就在青蛙游到大河中央的時候，蠍子突然彎起尾巴螫了青蛙一下。

青蛙開始往下沉，牠大聲質問蠍子：「你為什麼要螫我呢？螫我對你沒有任何好處，我死了你也會沉到河底。」

「我知道，」蠍子一面下沉一面說，「但我是蠍子，螫人是我的天性，所以我必須螫你。」

目錄

第二課　擺脫慾望的陷阱

一個需要磨麵的農民害怕拉磨的驢偷懶，就用一個透明的塑膠袋裝上玉米，掛在驢子的脖子上。隨著驢子向前走動，玉米也跟著來回搖晃。

驢子總是想著吃到那些玉米，以為走得更快些就能吃到，於是繞著磨盤不停地走下去……

第三課　自由的真諦

著名專欄作家哈里斯和朋友在報攤上買報紙。那位朋友買完報紙禮貌的說了聲「謝謝」，但商販表情冷漠。

哈里斯說：「這個人真沒有禮貌？」

朋友解釋說：「他一向都是如此的。」

哈里斯疑惑不解地問：「那你為什麼還要對他這麼客氣？」

朋友回答說：「我為什麼要讓他的行為來決定我的行為呢？」

目錄

第四課　堅持人的尊嚴

一個商人隨手扔給路邊的乞丐一百美元。乞丐撿起錢還給商人說：「先生，您的錢？」

商人又隨手將錢扔在了地上，傲慢無禮的説：「這現在已經是你的錢了。」

乞丐回答説：「先生，剛才我為您撿起了您的錢，現在我想請您幫我撿起我的錢。」

第五課　高貴的活著

英國哲學家、詩人貝恩斯在泰晤士河上看見一個富翁被人從河裡救了起來。那個冒著生命危險營救富翁的窮人，結果只獲得了一個便士的回報。圍觀的人被這富翁的吝嗇激怒了，要把他再扔到河裡去。

目錄

這時，貝恩斯立即上前阻止，說：「放了這位先生吧，他十分瞭解自己的價值！」

第二輯幸福：人生的真諦

幸福不是對於過去的回憶，也不是對於未來的幻想，而是對於現在的感受。真正的幸福需要透過我們融入到此刻快樂的事實。在創造生活與享受生活中尋求平衡，我們要不斷追求生命的高峰體驗，不斷讓心智變得成熟，全心全意地擁抱愛。這樣我們才能夠有一份平和的心境，讓自己的生活充滿幸福和快樂。

目錄

第六課　創造抑或享受

一六五六年斯賓諾莎的父親去世。他同父異母的妹妹和丈夫設下詭計，剝奪了他所有的繼承權。他們以為這個心不在焉的年輕人不會在意的。但發生的情況完全相反，斯賓諾莎提起了訴訟。

不過，斯賓諾莎只是保留了他母親用過，並在上面去世的那張床，以及一張深綠色的簾子，將應得的其餘的一切都讓給了輸掉官司的對手。

第七課　生命之巔

認為「人生的本質是痛苦」的叔本華，對於花卉有著異乎常人的愛好。他面對一盆奇特的花時總是自言自語道：「這些奇形怪狀的枝幹，給我什麼啟示呢？這些花葉所表現的內部主觀存在和意志，又是什麼呢？」

有時，自言自語之間，叔本華還會幸福得手舞足蹈起來。

第八課　理性覺醒

一個圓環被切掉了一塊，圓環想使自己重新完整起來，於是就到處去尋找失去的那一塊。可是由於它不完整，因此滾得很慢。它欣賞路邊的花兒，它與蟲兒聊天，它享受陽光。

終於有一天，圓環找到了非常適合的小塊，它高興極了。這次它滾得很快，以致無暇注意花兒或和蟲兒聊天。當發現飛快地滾動使得它的世界再也不像以前那樣時，它停住了，它把那一小塊又放回到路邊，緩慢地向前滾去。

目錄

第九課 愛的藝術

一個窮人對另一個窮人說：「如果現在我有錢，我最想給你買件禮物留作紀念。」另一個窮人也無限感慨地說：「或是我們有一件隨身物品相互交換也好。」可他們什麼也沒有。然而就在那個秋意漸濃的午後，他們終於交換了一件禮物，各自心無遺憾的上路了。原來，他們交換了彼此的名字。

目錄

第十課　幸福在靈魂中

「不錯的早晨。」第歐根尼開心的對著空氣說著，爬出了他的屋子——木桶，靠著水池躺了下來。太陽暖洋洋的照在他身上，第歐根尼舒服的眯起了眼睛。可是很快陽光就被一片陰影擋住了。

「第歐根尼先生，我能為你做些什麼嗎？」亞歷山大俯下身子，微笑著詢問。

這個衣衫襤褸，骯髒邋遢的人懶洋洋的說：「請往旁邊站一點，你擋住了我的陽光。」

生命卑微
不卑賤

第一輯活著：未完成的旅程

人生是一場未完成的旅行。我們可以隨意選擇自己的道路，這種選擇需要遵循生命本身的指引，否則便無法避免在複雜的世界中迷失自己。旅程中，我們將會瞭解自己是怎樣的一個「人」，瞭解作為一個「人」應該怎樣的活著，瞭解作為一個「人」應該怎樣超越自己的存在，瞭解作為一個「人」應該擁有怎樣的堅持與執著。

第一課　人性能達的境界

蠍子想過一條大河塘，但不會游泳，於是央求青蛙道：「你能載我過河嗎？」

青蛙回答道：「我怕你會在途中螫我。」

「不會的。」蠍子說，「我為什麼要螫你呢，你死了我也會被淹死的。」

就在青蛙游到大河中央的時候，蠍子突然彎起尾巴螫了青蛙一下。

青蛙開始往下沉，牠大聲質問蠍子：「你為什麼要螫我呢？螫我對你沒有任何好處，我死了你也會沉到河底。」

「我知道，」蠍子一面下沉一面說，「但我是蠍子，螫人是我的天性，所以我必須螫你。」

「善與惡」和「好與壞」

千百年來，「善與惡」和「好與壞」一直是緊密聯繫在一起的。在大多數人眼中，「善」就是「好」，「惡」就是「壞」。不過，德國哲學家尼采卻不這樣認為。他仔細研讀了幾千年來一直傳承的道德譜系，卻發現與所謂的「善」緊密聯繫起來的並不是「好」，而是「好」的結果。

尼采認為：「這種理論（指道德理論）是在錯誤的地方尋找和確定『好』的概念的起源：『好』的判斷不是源自於那些得益於『善』的人，而是源自於那些施與『善』的人」。就說明「善」只能作為一個結果來出現，也就是說一個「善」人什麼也不做，並不能稱之為「好」。只有在做了「善」的事情才能被稱之為「好」。而事情的結果並不總是人們所能控制的，有些可能是「善」人可能做出「惡」的後果，之後被評為「壞」。

英國學者杜普雷的一個故事證明了這樣的觀點：

貝爾和朋友自己的朋友海格，在酒吧裡喝酒。酒吧打烊的時候，他們喝得有點多了，神智有些不清楚。他們還是像往常一樣開車回家。

貝爾還像以前一樣，順利的開車回家，回到家倒在床上就睡了。早上醒來，除了頭痛，其他一切正常。

海格也是輕車熟路地開車回家，可是有一個年輕人突然衝到馬路中間，海格來不及剎車，年輕人當即身亡。海格因此入獄。第二天早上醒來，他也感到頭痛。但與貝爾不能同的是，他是在監獄中。

同樣的事情，但產生了完全不同的後果。酒後駕駛，貝爾與海格兩人似乎都應該受到懲罰，但是貝爾無事，海格卻因為車禍而受到懲罰。

在這個例子中，法律的觀點或許正反映了我們的道德感。我們或許覺得一個因不負責任的行為導致他人死亡的人比喝多（或多喝一點點）後開車的人更應受到譴責。但在這個例子中，兩個司機的唯一不同之處是，有個年輕人衝到了馬路上。這是我們任何人都無法控制的，而一個人被稱為「善」或者被稱為「惡」在很大程度上並不取決於他的行為本身或者行為動機是「善」還是「惡」。

尼采的理論奠基於人們的道德觀念。對於大眾來說，判定一件事情是否道德的決定權並不在行為本身或者行為動機，而在於行為結果。即使你做了同一件事情，如果對方卻因此而受到極大的傷害，那麼，你就是「惡」的、「壞」的、「不道德」的；如果對方卻因此而獲得較大的利益，那麼，你就是「善」的、「好」的、「道德」的。

這種只重結果的道德評價會扭曲人們的人性，讓一些出於善意的行為消失。比如說，當我們看到地上有一位老人需要攙扶，卻有很多攙扶招致的麻煩發生。那麼，我們應不應該去攙扶這位老人呢？

從結果來看，我們這樣做可能對別人是「好」的，對自己是「壞」的。很多人自然不會去施以援手。但是，如果我們從動機的角度去看待這個問題，無論這樣會導致什麼樣的後果，它都是「善」的、都是「好」的，沒有任何異議與爭論。

當我們僅從結果去看待一件事情的時候，我們不得不將大量的時間投入到算計當中，算計之間會出現什麼樣的情況，導致什麼樣的結果，如果最後的結果不好，我們就會放棄。

然而，這卻不應該成為我們遵守的道德。在外界的評價體系中，只有做了「善」事才是「好」的，因為不會有人瞭解你的內心。而在我們的內心中，一個行為的動機和出發點更應該成為我們的評價標準，否則我們很難去完成一件道德的事情，其中大部分都因為過程和結果而被否定掉了。

從結果去考慮道德是一件脫離道德本意的事情，但是，社會的構成又迫切需要促進「好」的結果出現，避免「壞」的結果出現。而社會的要求卻與我們自己的要求不同。

因此，我們所講到的人性就是在複雜的社會中保留自己的選擇，保留作為一個人該有的選擇。在道德框架下，那就是從「善」的動機出發。

報復是對自己的摧殘

「我們對於情感的理解愈多，則我們愈能控制情感，而心靈感受情感的痛苦就愈少。」這句富有哲理的處世名言出自荷蘭哲學家貝內迪特・斯賓諾莎之口。斯賓諾莎被後人稱為「指引人們從蒙昧與迷信走向理性和自由的摩西」。他指導人們不應完全聽憑感覺情感的支配，而是運用自己的理性指導自己的心靈，從而減少外界給心靈帶來的痛苦。報復心無疑是人們應該用理性指導的情感之一，也是對人們自身傷害最為嚴重的情感之一。

古希臘神話中有一位大英雄叫海格力斯。一天他走在坎坷不平的山路上，發現腳邊有個袋子似的東西很礙腳，海格力斯踩了那東西一腳，誰知那東西不但沒被踩破，反而膨脹起來，加倍的擴大著。

海格力斯惱羞成怒，拿起一枝碗口粗的木棒砸它，那東西竟然脹大到把路堵死了。

正在這時，山中走出一位聖人，對海格力斯說：「朋友，快別動它，忘了它吧，離開它，遠去吧！它叫仇恨袋，你不犯它，它便小如當初，你侵犯它，它就會膨脹起來，擋住你的路，與你敵對到底！」

仇恨袋就象徵著我們的報復心，當我們在用盡全力去報復別人時，自己心中的怒火往往並不能夠得到平復，而是更加強大。尤其是在自己報復的對象並沒有像自己想像的那樣痛苦時，這種內心的怒火就會燃燒得越旺，最終可能將自己與對方同時焚毀。

而在這時，想要報復的人或許應該想到，自己所有的努力都得以回報，自己所有的計畫都得以實施，自己所有的目的都得以實現，對方的焚毀與痛苦本就是罪有應得、不值得憐惜的。

那麼，自己被報復之火灼燒的痛苦就該如何解釋呢？報復別人的人最後都會在對於自身痛苦來源的追尋中困惑、迷茫。報復他人的確會傷害他人，但是即使不是報復、只是單純的採取手段傷害他人，他人依舊會受到傷害。

可是，報復這種傷害別人的手段最終卻在傷害他人的同時傷害了自己。我們藉此可以瞭解報復中傷害他人只是報復的副產品，報復實際上就是對自己的摧殘。

生活中，報復的人往往處於不利地位。一旦對方知道哪些傷害是從何而來，報復便沒有了力量。所以，我們不得不小心的隱藏自己的感情，如同這種感情從未存在一樣。為了能在不知不覺間傷害對方，我們就會變成一個不斷想出詭計來掩飾和隱藏自己報復的人。

可是，報復成功的時候，自己的所有隱藏和掩飾都會被揭穿。我們不僅要受到他人的指責，還要在判斷哪個自己才是真正的自己中淪落。因為，一個長時間戴著面具的人往往以為面具才是自己真正的外表。而更重要的是及時報復成功，人們也很難感受到報復的快感。

厄勒克特拉念念不忘當初母親是怎樣殘忍的用斧頭親手殺死了父親阿伽門

農。她幼小的心靈早早就埋下了仇恨的種子，處心積慮，等待時機，要讓這個狠毒的女人為自己的暴行付出代價。

當弟弟額瑞斯忒斯長成翩翩少年，回到家鄉，厄勒克特拉終於如願以償展開了自己的報復計畫。然而當看到母親倒在血泊之中，報復的快感卻沒有如期而至。

厄勒克特拉本該像所有其他女孩子一樣，擁有一個單純美麗的童年，無憂無慮的成長，自由自在的嬉戲，任性的在母親懷裡撒嬌，把自己打扮得漂漂亮亮，嫁給一個貴族，為他生兒育女，也成為一個妻子，一個母親。

然而仇恨佔據了她所有的視線，她再也看不到生活裡的陽光，她固執的作繭自縛，活在無邊的陰暗中。報復的念頭剝奪了她作為一個普通人的所有普通的快樂。更加具有悲劇意味的是，在完成報復之後，厄勒克特拉並沒有得到她期盼已久的解脫，相反，她犯下了新的罪行，陷入了深深的懺悔之中。

報復是對自己的自暴自棄。自動放棄原本安逸的生活，卻把所有的注意力完全放在一個最不值得你關注的人身上，讓這個人肆無忌憚掌控你的生命，吞噬你的快樂。這麼愚蠢的事情有什麼值得為之樂此不疲呢？我們到底是在報復他人，還是報復自己？

如果報復是一件不得不做的事情，我們寧願以另一種更有智慧的方式來執行報復。何不放下仇恨，繼續自己精彩的人生，努力讓自己變得更好，更堅強，成為生活的強者。

當我們以這樣的姿態出現在當初傷害過你的人面前，不用任何的表情和動作，我們已經悄無聲息地實現了自己的報復。他們當初的險惡用心沒有得逞，他們的傷害沒能阻止我們成為比他更優秀的人。這樣的報復或許來得更光明正大，更能達到報復的目的。

堅守道德的底線

人在社會中的關係是複雜的。耶魯大學教授保羅．布魯姆將這些關係分為兩種：血緣關係和非血緣關係，並且認為正是由於非血緣關係之間的人為了生存下去不得不合作，最終產生了人際關係的規範和原則，也就是我們常說的道德。從這一觀點出發，我們就會發現道德是約定俗成、自動自發的，而且也是模糊不清的。

一天，蘇格拉底像往常一樣，赤腳敞衫，來到市場上。突然，他一把拉住一個過路人問道：「我有一個問題不明白，想向您請教，人人都說做一個有道德的人，但究竟什麼是道德？」

「忠誠老實，不欺騙人，這就是公認的道德。」那人回答道。

蘇格拉底問：「您說道德是不能欺騙人的，但在和敵人交戰的時候，我軍將士千方百計地去欺騙敵人，這能說不道德嗎？」

那人答：「欺騙敵人是符合道德的，但欺騙自己人就不道德了。」

蘇格拉底問：「那如果和敵人作戰時，我軍被包圍了，處境險惡，為了鼓舞士氣，將領欺騙士兵說：『我們的援軍就要到了，大家奮力突圍。』結果成功了。這種欺騙能說不道德嗎？」

那人答：「那是出於無奈，我們在日常生活中就不能這樣。」

蘇格拉底又問：「我們常常會遇到這樣的問題，兒子生病了，又不肯吃藥，父親騙兒子說：『這不是藥，是一種十分好吃的東西。』難道這也是不道德嗎？」

那人只好承認：「這種善意的欺騙行為是道德的。」

蘇格拉底又問：「不騙人是道德的，騙人也可以是道德的，也就是說，道德不能用騙不騙人來說明。那究竟要用什麼來說明呢，請你告訴我吧？」

欺騙行為是不道德的這一觀點是很多人都會認同的，可是蘇格拉底卻經過對於一些具體情況的詢問否定了這一點，指出欺騙行為有時候也可能是道德的。如果以同樣的方式去看待生活中的其他行為，我們也會同樣發現生活中沒有一件事情是絕對不道德的，也沒有一件事情是絕對道德的。這種詭辯的方法無益於增進社會的道德水準，而會將我們帶進詭辯的怪圈。

蘇格拉底的意圖並非如此，人們心中所認為的道德大多沒有經過深思熟慮，裡面的很多觀點可能互相矛盾。而蘇格拉底試圖透過分析這些矛盾來尋找真正的道德，形成有關道德的知識，而非道德的常識。

蘇格拉底提醒我們不要去認定某個行為是否道德，行為本身並不是道德不可或缺的組成部分，一種行為在一種情況下可能是道德的，在另一種情況下可能就是不道德的。我們是無法從某個具體行為遵從道德的要求，而是應該理性地遵守一條道德的底線，並對位於道德底線上的事情區別對待。

堅守道德底線能夠讓我們獲得內心的安寧，同時獲得他人的尊重，也有可能因此而獲得他人的幫助。而堅守道德底線最重要的原因是道德能夠確保一個人以「人」的身份得到認同。人在社會中，就像動物在動物界中一樣需要獲得歸屬感和認同感。但人類與動物是有區別的，動物是受到本能高度支配的，僅僅依靠本能動物就能夠區分不同動物的種類，所以，動物僅僅需要按照本能去行動就會獲得歸屬感和同類的認同。人類受到本能的支配較小，完全按照本能行動的人很難被他人稱為「人」。所以，當進入社會渴望他人認同時，我們就要遵守規則，這種規則也就是我們通常所說的道德底線。一個屢屢突破道德底線的人會被其他人所拋棄，很難融入人群。

堅守道德的底線從本質上來說是我們被認同為一個「人」的基本要求。這種要求來自於社會穩定與發展的需要，我們是無法對抗的，我們所做的只能是遵守，並且適應道德的要求，成為社會中一個合格的「人」。

在孤獨與喧囂中理解自我

社會的不斷發展壯大讓人類的社會屬性變得越來越強。人們已經越來越習慣在不同的人面前展現不同的笑容、說不同的話，也越來越看不清楚站在自己面前的對方究竟是怎樣的一個人。想要真正看清楚一個人的本性，我們就要選擇在這個人孤獨一人的時候。這個道理不僅適用於觀察別人的本性，也適合觀察自己的本性。

一個城市裡的有錢人，到鄉下收田租。到了佃農的穀倉，有錢人東看看，西看看，不知何時把心愛的懷錶弄丟了。有錢人心急如焚，佃農也不知如何是好，只好去把村裡所有的人找來尋找懷錶。眾人翻遍穀倉，但是懷錶依然不見蹤影。

天色漸漸晚了，有錢人一臉失望的神情，村裡的人也一個個回家去了，但是有個人留了下來。「我有把握找到你心愛的懷錶。」這人告訴有錢人，信心十足。「好吧！那就麻煩你，找到了我會獎賞你的。」

只見這個人走進穀倉，找好位置後，靜靜的坐了下來。一切都安靜了，悄然無聲，但是有個小小的聲音從穀倉的後方角落傳來。

「滴答，滴答，滴答……」這人輕輕的像貓一樣，踏著幾乎無聲的腳步，尋聲走向角落。到了附近，這人俯下身來，耳朵貼地，在一堆稻草中找到了懷錶。他走出穀倉，露出得意的微笑，朝有錢人走去……

人的本性與這只手錶一樣，周圍有很多人的時候就會將自己藏起來，孤獨一人的時候才會發出靈魂的響聲。按照馬斯洛的人本哲學，在滿足了生理和安全需求後，人們就一定會有進行社會交往的需求。

然而，孤獨卻是刻意的遏制自己本能的需求。孤獨會讓人感到寂寞，感到無聊，但也只有孤獨才能讓人感受到真實的自我。

孤獨是一件很難熬的事，我們卻一定要忍受。只有在孤獨時，我們才會做出最符合自己意願的選擇，也才能解決自己眼前所陷入的難題之中。孤獨為我們帶來的不僅是遏制本能的痛苦，更多的是親近本性的快樂。更多時候，孤獨不應該忍受，而是應該享受，享受與自己獨處的時光。

從另外一個角度來看，人類又不得不忍受無處不在的孤獨。孤獨本是生命最重要的主題之一，無論與他人有多麼熟悉、有多少共同的經歷，卻從來沒有一個人可以理解你的內心、你的本性。

人類的本能迫使你依賴親情、尋找友情、邂逅愛情，然而，生命的誕生與離去都是只屬於你自己一個人的事情，生命中的種種痛苦與種種快樂，他人雖然可以感覺得到，卻無法像你這般真切。

任何人都不能否認，人類是這個大地上孤獨的流浪者。從這個角度來說，無論孤獨是否讓你更加接近本性，在人類共有的精神世界中都保存著忍受孤獨的因數。

人類可以選擇享受孤獨，卻無法選擇享受喧囂。在大多數人的眼中，喧囂已經變成了一個完全負面的詞彙。人們習慣於使用逃離喧囂、躲避喧囂，很少有人會選擇面對喧囂。喧囂似乎對我們的生活並沒有什麼幫助，但是我們卻同樣要忍受喧囂。

孤獨讓我們面對屬於自己的本性，而喧囂中我們才能看到自己是否有堅守本性的決心和毅力。一個孤獨的人往往會對自己的本性有著過於理想化的構建，而喧囂是唯一能夠讓這些本性與事實更相符的手段。

在忍受孤獨中認識本性，在忍受喧囂中瞭解本性。一個無法忍受喧囂的人註定無法面對自己的本性，我們所逃避的也並不是喧囂，而是在茫茫人海中不堪一擊的自己。

孤獨與喧囂都需要忍受，因為孤獨與喧囂都可以讓我們更加瞭解我們自己，也會做出更加適合自己的選擇，尋找到屬於自己生命的意義。活著，或則說作為一個人活著，我們就應該堅守自己的本性，要耐得住孤獨，也要耐得住喧囂，這才使得我們足以成為一個人。

任何時候都要保持本性

美狄亞或許是希臘神話中唯一一個能與奧德修斯比智慧的女人。她精通各種法術，善用各種草藥，並且還有通神的能力。

在遙遠的東方科爾喀斯國，高貴冷豔的美狄亞，這個野蠻國度的公主，以其無可匹敵的智慧得到舉國上下的尊敬。愛神阿芙洛狄特適時在美狄亞的心中播下了愛情的種子，讓美狄亞瞬間迷失在對伊阿宋的狂戀之中。

面前的這個男人，英俊魁梧，然而卻與美狄亞無關，伊阿宋不遠萬里來到科爾喀斯，一心為了傳說中的金羊毛，對於美狄亞他一無所知。

愛情的火焰將美狄亞的理智焚燒成灰燼。她不顧一切背叛了養育自己的這片土地，歇斯底里地把自己奉獻給一個遙遠的陌生人。

接下來美狄亞所做的事情讓所有的人觸目驚心。他暗中幫助伊阿宋打敗了

國王派出來的戰士，跟伊阿宋乘船返回希臘，殺死了前來追趕的弟弟，將其屍骨切成小段撒向大海，以此來拖延父親的時間。

美狄亞如願以償地嫁給了伊阿宋，並且為他生兒育女。

然而當伊阿宋為了自己的前途偷偷與科任托斯國的公主定下婚約，智慧的美狄亞再次被邪惡的力量控制。

為了報復伊阿宋，美狄亞殺死了公主，為了讓他永遠活在痛苦和悔恨之中，這個可怕的女人用匕首刺死了自己的孩子，坐上龍車飛向雅典。

美狄亞雖然成功的報復了伊阿宋，卻也遠離了自己本來具有的智慧和美德。美狄亞的本性在愛情的火焰中迷失，她已經不再是過去的自己了。當她的心裡只剩下仇恨和報復時，她所毀滅的不僅僅是他人，還有她自己。

人們總是會在生活中改變。我們可能不會為了一萬美元放下自己的原則，卻可能因為十萬美元或者百萬美元放下自己的原則；我們可能不會為了陌生人做一件自己不喜歡的事情，卻可能會為朋友做許多件自己不喜歡的事情。

這個世界上的每個人都是不斷在變化的，然而，任何時候我們都要保持自己的本性，否則就會像美狄亞一樣毀掉自己的整個世界。

保持本性的另外一個原因是本性能夠帶領我們到達人性能達的境界，成為自己想要成為的樣子。順從本性的指揮，我們可以在艱難困苦中尋找前進的路，不斷向前、不停跋涉讓我們最終超越自己。而這一切的前提就是保持自己的本性而不是扭曲自己的本性。

一位對種樹非常有經驗的老人在分享他的經驗時說：「我不是能夠使樹木活得長久而且長得很快，只不過是順應樹木的天性，來實現其自身的習性罷了。它的天性是舒展它的根部，它的培土要均勻，它的土要用原來的土，給它築土要緊密。這樣做了之後，就不要再去動它，也不必擔心它，種好以後離開時不再回頭看。栽種時就像對子女一樣細心，栽好後就像丟棄它一樣。那麼它的天性得到保全並且它的本性能夠充分的發展。所以我只不過是不妨害它的生長罷了，並不是有能力使它長得高大茂盛；只不過是不抑制、減少它結果罷了，也並不是有能力使它果實結得又早又多。別的種樹人卻不是這樣，樹根蜷曲又換上新土；他培土的時候，不是過緊就是太鬆。如果能夠和這種做法不同的人，卻又太過於溺愛它們了，早晨去看了，晚上又去摸摸，已經離開了，又回頭去看看。甚至有人掐破樹皮來觀察它是死是活，搖動樹幹來測試土的鬆與緊，這樣樹木的天性就與本性逐漸地一天天地相背離了。雖然說是喜愛它，這實際上是害了它，雖說是擔心它，這實際上是仇恨它。」

讓自己長成一棵參天大樹的最好辦法就是時刻順從自己的本性，然後放任自己的本性。當我們為了世界而不斷修剪自己的枝葉時，我們就逐漸地遠離了自己的本性；當我們為了追求病態美而去折磨自己時，我們感受到的主要是痛苦而不是快樂；當我們將自己轉換成盆栽成為別人的觀賞品時，我們已經不能稱之為一棵樹了。

陽光、雨露、大地會滋養我們的成長，狂風暴雨會磨礪我們的外表。保持本性的我們依舊可以守住內心的自我，可以讓自我在不斷前行中成長。任何扭曲都會壓抑我們的人性，改變我們的品格，影響我們的前行。

我們可以在外界的迫使下有所改變，卻依舊要堅持自己的本性，因為本性是人性的桂冠，是指引我們向前的明燈，是維持人性的最後一道關卡。

生命卑微

不卑賤

第二課　擺脫慾望的陷阱

一個需要磨麵的農民害怕拉磨的驢子偷懶，就用一個透明的塑膠袋裝上玉米，掛在驢子的脖子上。隨著驢子向前走動，玉米也跟著來回搖晃。

驢子總是想著吃到那些玉米，以為走得更快些就能吃到，於是繞著磨盤不停的走下去……

人是慾望和需求的化身

一九五一年獲得四項奧斯卡大獎的《慾望號街車》講述了充滿慾望的世界，導演同時也是耶魯校友的伊來亞・卡贊讓我們看到了人們在慾望的驅使下不斷犯錯誤，又在錯誤中不斷感受痛苦。慾望號街車永遠行駛在幸福的園地裡，卻總是會帶來痛苦的結局。

德國哲學家叔本華深入的研究了人類的慾望，並且認為從慾望的存在可以推導出人生的本質就是痛苦。一個人的慾望愈強烈，他的痛苦就會愈深，因為慾望經常附在他身上不斷的啃噬他，使他的內心充滿痛苦與矛盾。所以，很多時候我們主張禁慾，以為慾望泯滅了，也就遠離了煩惱與痛苦。

然而，無論人類採用什麼樣的方法去禁慾都無法達到相當好的效果。甚至非常可悲的是，禁止自己的慾望本身也可算作是一種慾望。人類無法戒除慾望是

因為人類本身就是慾望和需求的化身。

在對慾望的闡述中，我們將看到叔本華、尼采、馬斯洛三人觀點的匯合。叔本華所相信的生存意志和尼采所信仰的權力意志都會產生慾望，兩者的區別在於叔本華強調人類總是會保持求生的慾望，尼采則強調人類總是會保持追求權力的慾望。馬斯洛的需求層次理論也指出當人們滿足低級需求時，就會產生更高級的需求，這種需求就是一種慾望。

三者的觀點匯合到一起的結論是，人類本身就存在著慾望，一種慾望被滿足以後，另外一種慾望又會衍生。人類永遠也無法消除自己的慾望。

生活本身就是這樣一個接一個的永無休止的慾望。一個只求能夠賺錢養家糊口的人最後會發現，他其實還想要更多的東西，於是這又成了新的需求，直到他被滿足為止。但是滿足之後又會有新的需求，於是只好這樣無休止的走下去。

這並不是說生活中充滿挫折，因為這些慾望通常都會得到滿足，而是說生活就是永無休止的慾望，人不可能獲得最終的滿足。正是這些慾望和慾望的滿足賦予了生活的意義，我們的生命才得以延續。

當然，慾望並不是經常帶著消極的面具，有時也會展現出積極的一面。因為慾望就像是一條鞭子，不斷驅使生命向前趕去，卻從來不去在乎生命的方向為何。（真正在乎這一點的似乎只有哲學家）慾望這條鞭子有時候會將我們趕向喜歡的地方，而且還會迫使我們儘快的趕到。

有一個年輕人，非常想成為蘇格拉底的學生。於是，他便風塵僕僕的找到蘇格拉底，請求蘇格拉底收他為徒。

蘇格拉底對他說：「要想做我的學生，就得先跳到河裡去。」

年輕人心裡很是納悶，但又不敢問，只好立刻跳進河中。緊跟著蘇格拉底也跳到河裡，把年輕人的頭使勁往水裡按。沒等搞明白怎麼回事，年輕人已連灌了好幾口河水。但是蘇格拉底仍不鬆手，繼續不停的往下按。

最後，年輕人再也受不了了，逃到岸上，氣呼呼的問：「你為什麼這樣做，難道想淹死我嗎？」

蘇格拉底說：「我收的學生應該是求知慾望非常強烈的人，而你直到臨死才對你未知的事情提出疑問。所以，我不能收你做學生。」

求知慾可以促進人們對於知識的渴望，也會讓人們更快的完成自己的目標。

羅素曾經在自己的《權力論》中寫道：「廣義的說，最渴望權力之人就是最可能獲得權力之人。」這一點對於知識、金錢等其他方面也同樣適用。慾望總是很忠實的執行自己的任務，當內心感到疲憊、已不願繼續前行的時候，慾望依舊會不斷催促自己，給自己帶來比疲憊更加痛苦的煎熬，迫使自己趕路。這樣的人自然更容易擁有所渴望的東西。

慾望是我們都會遇到的陷阱。這個陷阱是我們既無力摧毀也無法逃離的，因為無論是去摧毀還是幻想著逃離都只會讓我們墮入另外一個陷阱當中。為此，叔本華傾向於強調人生的本質是痛苦的，尼采則試圖建立一條逃離人類通往超人的路，馬斯洛不斷建構自己的人本哲學，最終也只是在原地不斷畫圈。

第二課 擺脫慾望的陷阱

無論是屈服、逃避，還是麻醉自己，慾望這個巨大的陷阱已經成為了生命中每個人都將面臨的重大問題。如果始終陷在慾望之中無法自拔的話，人類註定是會被慾望俘虜的，唯一的逃離之路或許就是不斷的戰勝自己的慾望，讓慾望成為自己的工具。

別被惰性牽著鼻子走

深夜，一個病危的病人迎來了他生命中的最後一分鐘，死神如期來到他的身邊。病人對死神說：「再給我一分鐘好嗎？」

死神回答：「你要一分鐘幹什麼？」

病人說：「我想利用這一分鐘看看天，看看地。我想利用這一分鐘想一想我的朋友和親人。如果運氣好的話，我還可以看到一朵綻開的花。」

死神說：「你的想法不錯，但我不能答應。這一切都留了足夠時間讓你去欣賞，你卻沒有像現在這樣去珍惜，你看一下這份帳單：在六十年的生命中，你有大約三分之一的時間在睡覺；在剩下的三十多年裡你經常拖延時間；你曾經感歎時間太慢的次數達到了一萬次，平均約每天一次。

我把你的時間明細帳羅列如下：用於懶惰的時間從青年到老年共耗去了大

約三萬六千五百個小時，折合一千五百二十多天。做事有頭無尾、馬馬虎虎，使得事情不斷的要重做，浪費了大約三百多天。因為無所事事，你經常發呆；你經常埋怨、責怪別人，找藉口、找理由、推卸責任；你利用工作時間和同事聊八卦，把工作丟在一旁毫無顧忌；工作時間呼呼大睡，你還和無聊的人煲電話粥；你參加了無數次無所用心、懶散昏睡的會議，這使你的睡眠時間遠遠超出了二十年；你也舉辦了許多類似的無聊會議，使更多的人和你一樣睡眠超標；還有……」

說到這裡，病人就斷了氣。死神歎口氣說：「如果你活著的時候能節省一分鐘的話，你就能聽完我給你讀的帳單。哎！真可惜，世人都是這樣，還等不到我讀完帳單就後悔死了。」

惰性的存在讓我們浪費了生命中的很多時間，很多滿足自己慾望的時間。可是，惰性並非是慾望的敵人，而是慾望的一種。大多數的慾望都是「積極進取」的，比如說求生慾、權力慾。但也有一些慾望是「消極墮落」的，惰性就是其中最典型的一種。

人類有追求更美好生活的慾望，同樣也會有不去做事、懶惰的慾望。人們常常將貪慾與惰性對立起來，是因為人類並沒有看清楚惰性的危害。惰性並不是慾望的對立，而是慾望的一種它說明了惰性也屬於人類的本能，並且會在舊的慾望滿足之後再產生新的慾望。

也就是像死神所說的那樣，病危的病人在滿足了不工作的惰性慾望以後，又產生了增加睡眠的惰性慾望。惰性慾望促使著人們消極處事、凡事拖延、不願意出一點力氣，最後造成時間的浪費。而且一個整天處於無所事事的人是很難尋求到生命的價值與意義的，惰性慾望最終必將引起人們對於自身存在的懷疑。

梭羅曾經說過，「生命很快就過去了，一個時機從不會出現兩次，必須當機立斷，不然就永遠別要。」每個人身上都存在惰性，惰性不僅消磨生活的激情、對抗「積極進取」的慾望，還會耗費生命的大量時間，消解生命存在的意義。惰性慾望誠然屬於本能的慾望，然而，無論是想要擁有更加充實的生命、實現自己的夢想，還是想要滿足自己其他方面的慾望，我們都必須要戰勝惰性的慾望，不再讓自己的生命無所事事，日益消沉。

生命不應該是無休止的滿足自己的慾望，然後再創造新的慾望等待滿足，同樣也不應該是消極對抗自己的慾望。生命應該是享受的，應該是在滿足慾望與背離慾望中尋求平衡。享受生命不是像惰性那樣被動的消極的對抗自己的慾望，而是主動的積極的馴服自己的慾望。被惰性牽著鼻子走的人註定將永遠在慾望的陷阱中無法自拔，在生命的浪費中悔恨痛苦。

慾望與道德並不衝突

人類的大多數活動都是由慾望所驅使的，這些活動中有些是符合道德，有些是違背道德的。然而，在一些認真的道德家眼中，慾望就是人類缺乏道德的根源。只要能夠控制自己的慾望，尤其是肉體上的慾望，人類就可以擺脫自身的動物性，而擁有神性的道德光輝。

對慾望的抑制在不同的社會與宗教中都有所體現，佛教中就有一些以抑制慾望的苦行為修行的信徒。很多社會中都將那些能夠壓抑自己慾望的人奉為道德的模範，並對那些受慾望所驅使的人施以懲罰。

然而，慾望屬於人類的本能，是無法壓抑也無法逃離的。大多數壓抑慾望的人都會感到非常的痛苦，而且還有可能做出比受到慾望驅使所做的事更加惡劣的事情。

慾望本身並沒有道德與不道德之分，大多數的慾望並沒有違背道德的要求，甚至諸如獲得他人尊重的慾望反而會有益於道德的維護以及社會的穩定。比如說求生的慾望，求生的慾望就是對於人類來說非常重要的慾望。

正是因為它的存在，人類才能不斷繁衍生存。壓抑了自己求生的慾望會讓社會中發生更多的悲劇，然而，完全順從慾望的支配就會讓自身被慾望所吞噬。一個完全沉浸在求生慾望中的人更像是一個渴求持續存在不斷奪取養分的病毒，而不是一個可以做出合理判斷的人。

人類既不能選擇壓抑自己的慾望，也不能完全順從慾望的支配。對待慾望，我們要學會運用理性馴服自己的慾望，讓慾望在自己的控制中，懂得什麼時候順從慾望的支配，什麼時候戰勝自己的慾望。

慾望就如同一隻隨時準備吞噬自己的獅子，壓抑慾望如同在獅子面前逃走，馴服慾望則如從馴服這頭無比強悍的獅子。所以，馴服慾望比壓抑慾望更加困難。

生活中的慾望無處不在，懂得什麼慾望是對人類有益的，什麼慾望對人類是有害的也是非常困難的。而在辨別之前，我們最需要做的就是逃離道德家言論的束縛。

一八二三年，三十五歲的大詩人拜倫已經開始失去慾望了，他的生活變得無聊，死一般的無聊。於是，那年夏天，他跟著軍隊朝希臘進發，準備將生命獻給戰爭。行軍途中，他寫信給詩人歌德，傾訴自己的苦惱。

當時，歌德已七十五歲高齡了。一個風華正茂的生命沒有生活目標，沒有情人，不想結婚，更不敢談戀愛，將生活寄託於一場戰爭。而另一個風燭殘年的生命卻正準備向一個年輕的女人求婚，他的情慾像一個年輕小夥一樣旺盛。歌德在拜倫的鼓勵下向那個年僅十九歲的姑娘求婚了，他對這場有著巨大的年齡差距的愛情充滿了萬丈激情。拜倫聞訊後，在異國他鄉更加憂傷，他說自己是年輕的老人，而歌德是年老的年輕人。

在認真的道德家眼中，一個七十五歲的老人追求一個十九歲的姑娘即使不是違反道德的，也是不合乎理性的。但兩個人之中的這種情慾正是人生中最寶貴的慾望。

道德家們無力抗拒身邊的獅子，於是他們把獅子鎖起來，不讓任何人見到，並且反對一切試圖與獅子戰鬥的人。聽從他們的指示只會讓我們成為在慾望面前落荒而逃的人。所以，不要去聽從那些渴望逃避慾望的人的意見是我們馴服慾望必須要注意的事情。

每一個渴望逃離慾望的陷阱、馴服自己慾望的人都必須瞭解到慾望本身只是求得更好生存的工具，或者慾望本身就意味著追求更好的生活。

我們不能也無法逃避來自本能的慾望，也不能完全順從慾望的支配，而是要藉用慾望的力量實現自己生存的目的，讓自己的生命更加鮮活。

放下無謂的慾望

法國作家羅曼．羅蘭說過「一個人快樂與否，絕不是依據他獲得了或是喪失了什麼，而只能在與他自身感覺怎樣。」對於慾望來說同樣如此。一個人的慾望得到滿足並不會讓人們感到富足，反而會讓人們感到空虛。而如果慾望越來越多，沉重的慾望就會不斷壓迫我們自己，讓我們感到痛苦。

人的慾望就像個無底洞，任有萬千金銀也難以填滿。慾望是需要用「限度」來控制的。人具有適當的慾望是一件好事，因為慾望是追求目標與前進的動力，但如果給自己的心填充過多的慾望，只會加重前行的負擔。

人貪得越多，附加在心理的負擔也就越重，但明知如此，許多人卻仍然根除不了人劣根性的限制。只有學會給自己的生活、自己的慾望做減法，我們才會發現自己能夠填滿慾望。

相傳，有一次，蘇格拉底帶著他的學生來到一個山洞裡，學生們正在納悶，他卻打開了一座神祕的倉庫。這個倉庫裡裝滿了綻放著奇光異彩的寶貝。仔細一看，每件寶貝上都刻著清晰可辨的字，分別是：驕傲、嫉妒、痛苦、煩惱、謙虛、正直、快樂……這些寶貝是那麼漂亮，那麼迷人。

這時蘇格拉底說話了：「孩子們，這些寶貝都是我多年積攢下來的，你們如果喜歡的話，就拿去吧！」

學生們見一件愛一件，抓起來就往口袋裡裝。可是，在回家的路上他們才發現，裝滿寶貝的口袋是那麼沉重，沒走多遠，他們便氣喘吁吁，兩腿發軟，腳步再也無法挪動。蘇格拉底又開口了：「孩子們，還是丟掉一些寶貝吧，後面的路還很長呢！」

「驕傲」丟掉了，「痛苦」丟掉了，「煩惱」也丟掉了……口袋的重量雖然減輕了不少，但學生們還是感到很沉重，雙腿依然像灌了鉛似的。

「孩子們，把你們的口袋再翻一翻，看看還有什麼可以扔掉的。」蘇格拉底再次勸他的學生們。

學生們終於把最沉重的「名」和「利」也翻出來扔掉了，口袋裡只剩下了「謙遜」、「正直」和「快樂」……一下子，他們有一種說不出的輕鬆和快樂。

只想獲得，不願失去，這似乎是人類的一大通病。每個人似乎都生活在一種接連不斷的獲得之中，總想得到更多的、更好的東西。獲得更多、更好的東西除了加重我們自己的負擔以外別無作用。

我們需要向蘇格拉底教育學生一樣，給自己的慾望做減法，扔出那些我們不需要的東西，我們才會感受到真正的富足。那些永遠做加法的人只會迷失在慾望無法滿足的痛苦之中，而永遠不會感受到慾望得到滿足時內心富足的狀態。

一個小朋友遺失了一個玩具，他十分難過。正在他尋找玩具的時候，他的一個朋友見他可憐，就從自己的背包裡取出一個玩具給他。

這時候，這個小朋友顯得更傷心了，他的朋友非常不解的問他：「你現在不是又有一個玩具了嗎，為何還這樣傷心？」

他說：「因為我本來可以有兩個玩具，而現在卻只有一個。」

很多時候，我們就是這個小朋友。我們永遠在想著擁有更多、更好，我們永遠都不會滿足，即使獲得更多也會讓我們更多的感受到痛苦，而不是快樂。不斷滿足自己持續增加的慾望只會讓我們在慾望的陷阱中越陷越深，內心的痛苦也愈加沉重。我們就會像是在流沙中掙扎的人們，越掙扎下沉的越快。而當我們願意放下，不再掙扎時，我們就能夠逐漸走出流沙的束縛。

做「減法」並不是隨意地丟棄自己的慾望，而是有選擇地放下自己的慾望。先放下那些對自己毫無幫助的慾望，再放下那些看似對自己有利的慾望，最後保留那些真正屬於自己的慾望。

「減法」不會降低實現慾望的痛苦，卻會增加完成慾望時的滿足感。即使慾望滿足之後的空虛會讓我們產生新的慾望，但暫態的滿足感也會讓我們獲得人生的高峰體驗，獲得幸福。

第三課　自由的真諦

著名專欄作家哈里斯和朋友在報攤上買報紙。那位朋友買完報紙禮貌的說了聲「謝謝」，但商販表情冷漠。

哈里斯說：「這個人真沒有禮貌？」

朋友解釋說：「他一向都是如此的。」

哈里斯疑惑不解地問：「那你為什麼還要對他這麼客氣？」

朋友回答說：「我為什麼要讓他的行為來決定我的行為呢？」

「需要越少，越接近上帝」

有一天，朋友送給狄德羅一件質地精良、做工考究的睡袍，狄德羅非常喜歡。可他穿著華貴的睡袍在書房走來走去時，總覺得傢俱不是破舊不堪，就是風格不對。於是，為了與睡袍配套，他將舊的事物先後更新，終於讓書房跟上了睡袍的檔次。這時，狄德羅卻覺得很不舒服了，因為他發現「自己居然被一件睡袍脅迫了」！

存在主義哲學有一句名言叫做「擁有就是被擁有」講的就是這種情況，人與物之間這種擁有與被擁有的關係是可逆的。比如說，你擁有一輛車，可以利用這輛車去做任何事情，但同時你也被這輛車所擁有，你必須時刻提防是否有人偷走了它。當一個人擁有或者渴望擁有的事物越多，他被擁有的也就越多，自然也就感到越來越不自由了。

蘇格拉底曾經說過，「需要越少，越接近上帝。」尼采在《查拉圖斯特拉如是說》中也寫道，「自由的生活依舊為偉大的靈魂開放著，誰佔有的事物越少，誰就越少被佔有。值得讚美的是小小的清貧。」活得簡單的時候也就是活得自由的時候，活得越複雜、擁有的事物越多，我們就會被事物所驅使，最終讓自己的心靈發生變化。

托爾斯泰曾經寫過這樣一個故事：

一個魔鬼看到一個農夫的生活太幸福了，就派小魔鬼去擾亂這個農夫。

第一個小魔鬼把農夫的田地變硬，讓農夫更加辛苦，可是，農夫沒有絲毫抱怨，依舊努力耕田，心裡還是感到很快樂。

第二個小魔鬼則拿走了農夫所擁有的一切，包括他帶來的午餐和水，農夫又累又餓，可是心裡想著是有一個更可憐的人拿走了自己的食物和水，心裡還是沒有怨恨。

第三個小魔鬼看到這兩種方法都不行，則讓農夫變得非常富有。富有以後的農夫已經能夠吃到最好的美味，還有很多人服侍。當一個僕人不小心把葡萄酒弄灑時，農夫像一個惡棍一樣責備自己的僕人，臉上完全卻看不出一點開心的樣子。

生活中的挫折和打擊並不會毀壞一顆自由的心靈，而越來越多的物質佔有卻會讓人們逐漸受到心靈的禁錮。

一個一無所有的人是很難去將他人當做敵人的，而一些擁有非常富有的人卻可能會將任何人都當做搶奪自己財產的仇敵，因此才有了巴爾扎克筆下的老葛朗台這樣的吝嗇鬼。

這個世界並非「仇富」，實質上是「仇貧」。人們往往認定擁有越多的財富就會越快樂，一些人卻發現擁有了財富並不會比其他人快樂，還有可能比其他人更痛苦。

所以，他們想要將財富的巨大差距顯露出來，讓所有人知道金錢以及地位的魅力，讓那些本來快樂的人因為渴望財富而變得痛苦，就像故事中的農夫一樣被擁有的物質所驅使、所改變。

一個人是否快樂與財富的多少並無太多關係，因為即使擁有了更多財富、可以做更多他人所無法做到的事情，如果他的心同時也被財富禁錮住了，他又如何能夠快樂呢？

心靈是否快樂甚至也不在於生活有多少困苦和挫折，而在於你是否活得簡單。活得簡單，也就活得自由；活得自由，也就活得快樂。任何人都知道一隻在天空中自由翱翔的飛鳥總是比囚禁在籠中的金絲雀快樂很多。

事實上，生活中的很多東西並非必需。你可能會認為有很多很多東西都是不可或缺的，可是，如果你回想一下自己搬家的情況，就會豁然開朗。當從一所大房子搬到一所小房子，你就不得不拋棄很多事物。

生活了一段時間之後，你就會發現沒有了這些事物，一樣可以活得很開心、很快樂。人類之所以認為一些本不需要的事物是不可或缺的，是因為自己的內心已經被這些事物所佔有，所禁錮。

第三課 自由的真諦

心靈就像是一所房子，影響心靈自由程度的並不在外界，而在於房子內部。將很多事物放進自己的心靈，心靈就會變得擁擠而沉重，自然很難感到自由。如果清除其中的一部分事物，心靈必將自由一些。

「自由」與「不自由」

美國大革命之前帕里特克．亨利的演講中曾經斷言：「我不知道別人會怎麼想，但就我來說，請給我自由，無自由，毋寧死。」以此可見自由對於人們的重要性。

很多人把自由看得比其他事物重要得多，願意為自由付出自己的生命以及感情。自由的確是值得人們努力爭取的，可是，什麼才是真正的自由呢？

傑克正拿著一杯伏特加。沒有人拿槍對著他的頭逼他喝。沒有強迫，也沒有阻礙，沒人讓他必須喝酒，也沒人阻攔他喝酒。他可以選擇喝酒，也可以選擇不喝。大衛是個酒鬼，他知道喝酒對自己不好，說不定還會害死自己，也可能失去朋友、家人、孩子、工作、尊嚴……他同樣可以選擇不喝，但卻無法自制。他伸出顫抖的手，喝下了一杯酒。

在這個故事中，傑克無疑是自由的，那麼，大衛可以稱得上是自由的嗎？大衛雖然有選擇喝與不喝的自由，但是酒癮卻迫使他不得不將眼前的這杯酒喝下去。

按照哲學家以賽亞．柏林的觀點，大衛雖然是自由的，但是屬於消極自由。雖然外界並沒有任何的約束和干涉，他仍舊無法自制。從被迫喝酒這一點來看，他實際上沒有任何選擇，並不自由。

人類所希冀得到的自由絕不是如同大衛一樣的消極自由，而是像傑克一樣擁有做出選擇權力的自由。這種自由並不是來自於外界是否有束縛，而是來自於內心是否有束縛。我們應該努力爭取、努力戰勝的並非是外界的銅牆鐵壁，而是內心中的枷鎖。

康得也同樣認為：當一個人像動物一樣追求快樂或避免痛苦時，我們並不是真正的自由行動，而是作為慾望和渴求的奴隸而行動。因為無論何時，只要我們是在追求慾望的滿足，那麼我們所做的任何事情，都是為了某種外在於我們的目的，即使這些目的出自於本能。

只有當人們不再遵從外界的目的，而是由於自己的思想所決定的事情才是真正的自由。舉個例子，當你從帝國大廈跌落，當你衝向地面的時候，沒有人會說我在自由地行動，而是受制於外力也就是地球引力。慾望對於我們來說就如同地球引力一樣。

頭上是萬里無雲的朗朗晴空，手中是沁人心脾的冰鎮啤酒。停在這片光禿禿的灼熱沙漠上的東一輛西一輛旅宿汽車和拖車的門吱吱扭扭地推開了，「獨身漫遊者」俱樂部的一些成員到這漫漫荒原來享受一個下午的快樂時光。

這數十名俱樂部成員全都是頭髮灰白的老者，而且全都是單身人士。他們聚集在一起開始飲酒、講故事。這個俱樂部是在西部的高速公路上打發時間的、人數越來越多的退休者大如軍中的一支隊伍，斯拉布城是他們的最新休憩地點。

他們在臨時搭起的帳篷上空升起美國國旗，國旗在沙漠的疾風中呼啦作響。伊爾瑪．露絲和她的兩位朋友倚靠在一輛滿是泥土的汽車的尾部。她自豪地說：「我從一九九一年起就成了全職旅遊者。這樣的生活真自由。」他們三個人全都六十多歲了。

霍西．羅思插話說：「你會認識到你根本不需要你的那些家當，而且一路上你會有許多新發現。」

埃爾伍德．威爾遜問道：「你以為我們會願意整天閒坐著不動嗎？」他喝下一大口啤酒後說：「絕非如此。」

上年紀了，住進退休者之家，日夜守在電視機旁，周日沒完沒了的招待兒女和孫輩，誰願意過這樣的日子？他們所嚮往的是沒有盡頭的公路，尤其是西部那些一流的高速公路。

事實上，那些住進退休者之家的老人又有幾個是真正無法旅行的人。限制那些人行動的並不是這些人的身體狀況，而是他們的心靈枷鎖。

外界的一切困難和艱苦都是來自於自己的內心，只有當你心中認為很難完成的時候，外界的困難才會變得強大的讓人恐懼。當你勇敢地前行時，你就會發現眼前的一切有很多是自己的假想。

無論擺在我們面前的是什麼問題，你都永遠擁有選擇的權力。很多人總是以為自己眼前完全沒有選擇，實際上這只是他們像大衛那樣認為酒癮限制了自己的自由而已，如果他們願意去做另一個選擇，他們就永遠都是自由的。自由與不自由之間的區別就在於你的內心是自甘沉淪，還是努力爭取。

衝破過去的束縛

人分為兩種：一種人有過去，一種人沒有過去。沒有過去的人固然不知道生命的可貴，有過去的人卻經常會沉浸在過去的快樂和痛苦當中。外界的任何話語都可能成為刺向自己內心的剪刀，這樣的過去不僅會讓我們感受到生命的痛苦與折磨，還會禁錮我們的心靈。

回憶過去既無法改變已經發生的事情，也無益於現在進行的事情。回憶過去只會成為繼續存在下去的負擔，受到那些已無力改變的事實的控制。

一個夏天的下午，在紐約的一家中國餐廳裡，奧里森・科爾在等待著，他感到沮喪而消沉。由於他在工作中有幾個地方出現錯誤，使他沒有做成一項相當重要的項目。即使在等待見他一位最重視的朋友時，也不能像平時一樣感到快樂。他的朋友終於從街那邊走過來了，他是一名了不起的精神科醫生。醫生的診

所就在附近，科爾知道那天他剛剛和最後一名病人談完了話。

「怎麼樣，年輕人，」醫生不加寒暄就說，「什麼事讓你不痛快？」對醫生這種洞察心事的本領，科爾早就不意外了，因此他就直截了當地告訴醫生使自己煩惱的事情。然後，醫生說：「來吧，到我的診所去。我要看看你的反應。」醫生從一個硬紙盒裡拿出一卷錄音帶，塞進答錄機裡。「在這卷錄音帶上，」他說，「一共有三個來看我的人所說的話。當然沒有必要說出來他們的名字。我要你注意聽他們所說的話，看看你能不能挑出支配了這三個案例的共同因素，只有四個字。」他微笑了一下。

在三個聲音中，科爾聽到他們一共六次用到四個文字，「如果，只要」。「你一定大感訝異。」醫生說，「你知道我坐在這張椅子裡，聽到成千上萬用這幾個字作開頭的內疚的話。他們不停地說，直到我要他們停下來。有的時候我會要他們聽剛才你聽的錄音帶，我對他們說：『如果，只要你不再說如果、只要，我們或許就能把問題解決掉！』」醫生伸伸他的腿，「用『如果，只要』這四個字的問題，」他說，「是因為這幾個字不能改變既成的事實，卻使我們面朝著錯誤的方向，向後退而不是向前進，並且只是浪費時間。最後，如果你用這幾個字成了習慣，那這幾個字就很可能變成阻礙你成功的真正的障礙，成為你不再去努力的藉口。

「如果，只要」是四個再神奇不過的字，它們可以改變我們回憶中的世界，讓我們幻想世界的另一種可能，但是，這些可能在現實生活中卻沒有一點實現的可能。我們所做的實際上只是用過去的自己來懲罰現在的自己。

無論過去是快樂的還是痛苦的，我們都無法再一次真實地感覺到那個時候的存在。回憶時內心中的所有感覺都是不真實的、扭曲的，這些都會隨著你當時的心境而發生改變。

一切都會成為過去，回憶是我們唯一能夠證明過去存在的證據，這卻並不意味著回憶是可靠的證據。回憶總是會不斷地發生變化，可能會變得越來越接近真實，也可能會變得越來越接近虛假。

回憶過去只是一種對當前生活的逃避。這種逃避並不能將我們帶到幸福與快樂的烏托邦，反而會成為心靈上最重的一道枷鎖，時時刻刻打壓著我們。因為，如果時時刻刻都想著過去，你的心靈就已經回到了過去當中，無論你創造怎樣的可能性，最後無情的現實都會將一切烈火撲滅。

我們總以為能夠走出另一種結局，但實際上卻走在心靈的迷宮當中。當迷宮轟然倒下，心靈早已破碎。與其去追求虛擬的可能，不如走入現實的無限可能當中。心靈在當下的天空下，才可自由的翱翔。

生命不是一場表演

生活可以看做是一個劇本，而我們是劇本中的演員。儘管有些角色是我們內心裡所不喜歡的，然而我們卻不能不演，於是，每個人都戴上了一張面具。在面對家人、朋友的需求時，我們戴上了妥協的面具；沒有信心時，我們戴上了放棄的面具；恐懼敵人的強大時，我們戴上了偽善的面具。

如果我們生存在這樣的生活中，時刻受到外界的限制而改變自己，那麼，我們就無法自由地表現自己，而只是在表演自己。無法自由地表現自己，我們也就很難認識到自己生命的真實樣子，也就無法從自己的生命中尋找到真實的自己。自由，並不是放在那裡等待我們拾起的權力，而是需要我們去爭取、去選擇的權力。當我們向外界妥協，將生命的自由拱手交給他人，把自己的生命變成一場戲劇時，我們就無法再次獲得自由了。

一個阿拉伯人帶著一隻駱駝在沙漠旅行，阿拉伯人晚上睡在一個小小的帳篷裡，駱駝睡在帳篷外面。

半夜裡，駱駝對主人說：「外面很冷，我可否把我的鼻子伸到帳篷內取暖？」

阿拉伯人對駱駝說：「帳篷很小，容不下你和我。」駱駝再三懇求，一個鼻子占不了太多空間。於是主人心軟了，讓牠把鼻子伸進來取暖。

過了一會兒，駱駝又再提出要求：「慈善的主人，好心點，只是一個鼻子溫暖無濟於事，我的頭很冷，請允許我的頭伸進帳篷中吧？」阿拉伯人同意了，身子縮了一下，讓出一塊地方。

沒一會兒，駱駝又說：「慈善的主人，我的脖子很冷，請允許我的脖子也伸進帳篷中吧！」阿拉伯人同意了，又蜷縮了一下身子讓出了一片地方。

一步一步，駱駝把前足、胸部、腰部，以至整個身子都慢慢地鑽到了帳篷裡？待差不多占滿了整個帳篷時，駱駝站起身來說：「主人，正如你所說的，這個帳篷太小，容不下你和我。請你出去吧！」

在遇到外界的阻撓時，我們為了保護自己很容易就妥協，開始表演，就像是讓駱駝把鼻子伸到帳篷內。當表演自己在生命中的比例越來越多的時候，我們就會覺得更加掙扎，因為我們已經沒有力氣把駱駝擠出帳篷了。

我們已經習慣了假裝的笑臉、空虛的笑聲、無意義的附和。直到這些已經成為一種習慣，逐漸我們已經分不清什麼時候是在演自己，什麼時候是在做自己。等到我們想要再尋找自己的時候，我們才驚覺自己早已被擠出帳篷之外。

而這起因可能只不過是因為微笑的善念或者自私。如果將自己隱藏在面具之後、劇本當中，我們很難瞭解真實的自己，也很難真正體會到生命真正賦予我們的是什麼。

普魯斯特是一個家境富裕、體弱多病然而又有才華的年輕人，他酷愛書籍和繪畫，經常出入巴黎社交場合。

他在一次療養過程中愛上了一個叫阿爾貝蒂娜的姑娘，初時遭到拒絕，後來姑娘態度有所改變，他就更加狂熱的愛戀著她，想將她迎娶回家。但是那位姑娘卻不告而別。他到處找尋，最後得知她已突然死去。

普魯斯特深感絕望，在深感絕望之中，他決定從事文學創作，寫出一生經歷的悲歡苦樂。由於他身患疾病，所以他幾乎足不出戶，一生都幽居在他的病榻之上，連陽光都極少見。

但是他憑藉著自己的思想在精神領地語言疆土上自由馳騁，在他的病榻上開創了意識流的寫作方法。二十世紀最偉大的意識流派文學作品《追憶逝水年華》就是這樣在病榻上寫就的。

普魯斯特因疾病困在病榻之上，從來不能自由行走在繁華的世界中，但是普魯斯特有一顆自由馳騁的心靈，所以他就能夠依靠心靈在世間飛馳。無論生、老、病、死，無論愛、恨、痛、苦，他都是在做自己，而沒有演自己。他把自己的痛苦與快樂都寫進了《追憶似水年華》，也賦予了這本書直指人心的真實感。

有人說，人生如戲。但我們卻絕不能像戲中人一樣任憑劇本的安排，那樣就會讓自己變成一具行屍走肉。

我們要學會做自己，而不是演自己。做自己所感受到的快樂是真實的快樂，所感受到的痛苦是真實的痛苦。

而如果是演自己，無論發生什麼，你都不得不仔細考慮一番：心中的這些感受究竟是角色該有的，還是自己該有的。生命陷在劇本之中，心靈自然無法感到自由。無論生命有多麼艱難，做自己都要比演自己更加的能感受到自由的心靈。

自由是人生的一種選擇

第二次世界大戰中，德國佔領了法國，有個法國青年前來請教薩特，因為他不知道該如何選擇自己的人生。這個年輕人面臨著兩個選擇：是選擇參加對抗運動，離開自己年邁的、需要照顧的母親，還是選擇留在母親的身邊，而聽任德國人在法國肆虐。二者只能選擇其一，一經選擇，這個青年就會走上完全不同的道路，因此他希望薩特能給他指點迷津。

聽完青年人的陳述，薩特給他分析了兩種選擇的後果：如果選擇對抗運動，他就成為了面對侵略奮起反抗的英雄，但失去了做一個孝子的可能；相反，如果留在母親身邊，他就可以服侍母親，全盡孝道，但卻成為沒有血性的懦夫。然後，薩特說，這兩種選擇沒有什麼高下之分，完全是不同的選擇而已，選擇不同就是不同的人生，他就成為不同的人——英雄或懦夫，孝子或不肖。最後，薩

特說：「你是自由的，所以你自由的選擇吧！」

人是自由的，可以自由選擇的。然而可供人類進行的選擇卻並不多，而有些選擇甚至是非常難以作出的選擇。一些人可能會在這時候幻想放棄自由選擇的權力，只聽從命運的安排就好。自由卻並不像這些人想像的那樣，自由不僅僅是一種權力，也是一種義務。

自由是一種權利和義務的結合體，當你放棄了自由選擇的權力，你也就放棄了自由。青年人無論走哪一條路都是自由的，然而一旦不願意做出選擇，寧願去聽從神的指引，妄想從天空中做出判斷，那麼，他就不再是自由的了。自由在於去選擇、去嘗試，當你不去選擇、不去嘗試的時候，你就永遠都不會擁有自由。

如果一個人祈禱，渴求立刻獲得自由。在他看來，他 直受到束縛，不能快快樂樂地生活。他說：「如果我獲得自由，我就會立即擁有無比的幸福。我不用再向任何人獻媚，做為一個與人平等、與人處於同等地位的人，我可以與任何人交談。我想去哪裡，就可以去哪裡。我願意什麼時候來，從哪裡來，我都可以自己做主。」後來，他獲得了自由。忽然間，他發現自己沒有地方可去，沒有東西可以吃，他開始四處尋找，奉承別人，找別人混飯吃。這樣的人一直都是個奴隸，自由是任何人都無法給予你的，也是無法幫助你獲得的。

一九九四年的美國影片《肖申克的救贖》以監獄為背景，突破了以往壓抑、罪惡、黑暗的色彩，給人們展示了充滿情感、希望的生活態度。

安迪被冤枉入獄，他看似平靜的表面藏著一顆不屈從的心。當別人都在抱怨自己是冤枉的，安迪從來都默不做聲，悠閒地散步，但是他從來就沒有放棄過獲得自由的希望。即使身處監獄，他也在竭力按照自己的想法做事。為了擴大肖申克監獄的圖書館，他堅持給州議員寫信，不間斷地寫，一直到州議員終於撥給了他一些微薄的東西來應對他。安迪仍然不滿足於此，為了能夠獲得更大的幫助，他堅持繼續寫信，直到他的要求被滿足，他成功地擴建了肖申克監獄的圖書館。安迪還輔導監獄裡的獄友學習，幫助他們獲得高校的學位。

監獄長曾經告訴安迪「把你的信念交給聖經，把你的賤命交給我」，這並沒有讓安迪放棄對自由的追求，安迪用小小的鐵錘鑿出一條逃離的洞，用幾十年的時間完成了要六百年才能完成任務，成功地為自己鋪好了一條希望之路。最終，他終於越獄成功，並且讓監獄長受到了應該受到的懲罰。

如果安迪永遠不去嘗試，那麼他就將永遠被囚禁在肖申克監獄裡面。其實，肖申克監獄只是一個隱喻而已，我們每個人都被囚禁在心靈的監獄當中，當你不是按照監獄的規則，與監獄中的犯人同流合污，而是選擇離開，那麼，你就擁有了自由，無論是在監獄裡面，還是監獄外面。

自由是權利與義務的結合，就是你做出自主選擇那一瞬間。如果你將這個權力交給別人，那麼，你也就永遠失去了自由；如果你願意自己擁有自由選擇的機會，你也就承擔了這樣選擇的後果，但是，這樣的你才是自由的。沒有嘗試就永遠不會自由，並不是說自由需要我們去嘗試，而是嘗試選擇就是擁有自由本身。

第四課　堅持人的尊嚴

一個商人隨手扔給路邊的乞丐一百美元。乞丐撿起錢還給商人說：「先生，您的錢？」

商人又隨手將錢扔在了地上，傲慢無禮的說：「這現在已經是你的錢了。」

乞丐回答說：「先生，剛才我為您撿起了您的錢，現在我想請您幫我撿起我的錢。」

尊嚴是不可妥協的

「你的行動，要把你自己人身中的人性，和其他人身中的人性，在任何時候都同樣看做是目的，永遠不能只看做是手段。」這是康得的著名論斷「人是目的」的重要內容，從道德的角度上確立了人類尊嚴存在的必要性。

「人是目的」也就證明了人類理應被尊重，每個人都是一個有尊嚴的精神性存在。

當一個人的尊嚴遭到歧視或者侮辱時，就等於一切人都被歧視或者侮辱了。人類絕不可能作為完成某種目的的手段，在道德上也應該是平等的。

然而，現實卻比康得從科尼斯堡所推導出的理論複雜得多。尊嚴固然是每個人都渴望並且應該擁有的，但在一些時期，總有一些人受到了不公正的對待。

這時，茫然埋首於故紙堆，渴望找出解決的方法是不可行的。

當生命的尊嚴遭遇踐踏時，人類就應該為之反抗。為了自己，也為了與自己有相同遭遇的人，也為了人類的尊嚴本身。

「我坐在種族隔離的公車上，並不是為了被逮捕，只是為了回家。」當面對白人的無理要求，她坐在那裡紋絲不動，因為她知道，壓在她身上的是多少日子積累的恥辱和還未出生的後代的期望。

一九五五年十二月一日，在美國阿拉巴馬州蒙哥馬利市一家百貨公司工作了一天的黑人裁縫羅莎．帕克斯，搭上了回家的公共汽車。

那時，公共汽車實行嚴格的種族隔離制，車廂裡白人坐在前半部分，而黑人只能坐在後半部分。

可是，那天的黃昏正值下班高峰，上車的人越來越多。於是，白人駕駛員便命令坐在後排的四個黑人乘客站起來為白人讓座。其他的三個黑人乘客都照辦了，只有羅莎．帕克斯太太依然坐著，紋風不動。

為了作為一個人應有的尊嚴，羅莎．帕克斯無所畏懼地向不公正的法令發起了挑戰。很快，她就被逮捕了，理由是蔑視蒙哥馬利市關於公共汽車上實行種族隔離的法令。

此事傳播開後，激怒了這一地區的所有黑人和一部分白人。他們號召所有的黑人團結起來，不取消公共汽車上實行種族隔離的法令，就拒絕搭乘公共汽車！

四天後，蒙哥馬利市數千名黑人從拒乘公共汽車開始，掀起了一場波瀾壯闊的民主運動。一場在美國現代史上留下濃重一筆的、為爭取基本人權的民主運動開始了。他們扶老攜幼、互幫互助，或乘小車或步行，甚至寧肯跑步也不乘公共汽車。

雖然羅莎．帕克斯多次接到白人種族主義者的暗殺恐嚇，但她一直在為自己的那一份平等的權利和尊嚴而鬥爭。面對日益升級的威脅與迫害，他們爭取平等的腳步並沒有停止，他們勇往直前，義無反顧。為了那份權利和尊嚴，羅莎．帕克斯和許許多多的黑人不屈不撓、前仆後繼，付出了沉痛而巨大的代價，甚至付出了滿腔的熱血和寶貴的生命。

這個樸實無華、散發著慈愛光輝的羅莎・帕克斯太太曾有一句著名的話：「我上那輛公共汽車並不是為了被逮捕，我上那輛公共汽車只是為了回家。」為什麼羅莎・帕克斯不惜冒著生命的危險，而不接受站起來給白人讓座的命令呢？美國黑人領袖馬丁・路德・金對此說道：「她坐在那裡沒有站起來，因為壓在她身上的是多少日子積累的恥辱和還未出生的後代的期望。」為了坐著的權利，為了正義和尊嚴，為了子孫後代的幸福，羅莎・帕克斯沒有屈服，弱小的她向強大的不公正法律制度發出了抗議和挑戰。

自林肯解放黑奴以來，黑人經歷了無數年的競爭終於爭取到了屬於自己的尊嚴。尊嚴所付出的代價是巨大的，卻也是值得的。因為，沒有那麼多鮮血與抗爭，今天美國國內的黑人依舊會受到和以前同樣多的不公平待遇。

人類在生存的過程中必須不斷地向外界妥協、退讓，不斷從自己的退步中獲取自己存在的空間。但是有些時候，我們是不能也無法退讓的，因為喪失了這些，我們也就喪失了作為一個人的基礎。

尊嚴就是這些事物中最為寶貴的一種，很多人都為了本身應該屬於每個人的尊嚴而奮鬥，因為尊嚴往往是一個人的根本，喪失了一個人的尊嚴，也就喪失了成為一個人的根本。

所以，當尊嚴遭遇威脅時，我們應該挺身而出，用自己的實際行動維護自己的尊嚴，用自己的實際行動證明自己的尊嚴是不可侵犯的。

獲得尊嚴從自尊開始

法國作家盧梭曾經說過：「自尊是一件寶貴的工具，是驅動一個人不斷向上發展的原動力。它將全然地激勵一個人體面地去追求讚美、聲譽，創造成就，把他帶向他人生的最高點。」俄國作家陀思妥耶夫斯基也曾經說過，「如果你想受人尊敬，那麼首要的一點就是你得尊敬你自己。只有這樣，只有自我尊敬，你才能贏得別人的尊敬。」無論是想要擁有更多的尊嚴，還是獲得他人的尊重，我們都需要從尊重自己開始。

自尊是對自己的一種敬意，它教會了一個人要有尊嚴，要愛自己的肉體和靈魂，要肯定自己，要將自立放在重要位置，而不是依靠他人，接受他人的施捨。自尊的人非常尊重自己。正是因為自己尊重自己，根據同樣的法則，她也尊重他人。同樣的，她也因此博得他人的尊重。

一隻骨瘦如柴的狼，因為狗總是跟牠過不去，好久沒有找到食物吃上一口了。

這天遇到了一隻高大威猛但正巧迷了路的狗，狼真恨不得撲上去把牠撕成碎片，但又尋思自己不是對手。於是狼滿臉堆笑，向狗討教生活之道，話中充滿了恭維，諸如「仁兄保養得好顯得年輕，真令人羨慕」等等。

狗神氣地說：「師傅領進門，修行靠個人，你要想過我這樣的生活，就必須離開森林。你瞧瞧你那些同伴，都像你一樣髒兮兮，像餓死鬼一樣，生活沒有一點保障，為了一口吃的都要與別人拼命。學我吧，包你不愁吃和喝。」

「那我可以做些什麼呢？」狼疑惑地眨巴著眼問。

「你什麼都不用做，只要搖尾乞憐，討好主人，把討吃要飯的人追咬得遠遠的，你就可以享用美味的殘羹剩飯，還能夠得到主人的許多額外獎賞。」

狼沉浸在這種幸福的體會中，不覺眼圈都有些濕潤了，於是牠跟著狗興高采烈的上了路。

路上，牠發現狗脖子上有一圈皮上沒有毛，就納悶的問：

「這是怎麼弄的？」

「沒有什麼！」

「真的沒有什麼？」

狗搪塞地說：「小事一樁。」

狼停下腳步：「到底是怎麼回事？你給我說說。」

「很可能是拴我的皮圈把脖子上的毛磨掉了。」

「怎麼？難道你是被主人拴著生活的，沒有一點自由了嗎？」狼驚訝地問。

「只要生活好，拴不拴又有什麼關係呢？」

「這還沒有關係？不自由，不如死。吃你這種飯，給我開一座金礦我也不幹。」說罷這話，餓狼轉頭便跑了。

狼與狗的區別在於一個尊重自己，一個不尊重自己。尊重自己的狼雖然自己的生活更加艱難，但是卻會獲得狼的尊嚴與榮耀。不尊重自己的狗雖然生活條件很好，但是卻從來都無法得到尊重。一個不尊重自己的人是很難獲得他人尊重的。

一旦一個人失去自尊，他便不能自愛。連自己都不尊重的人，又怎麼能夠獲得尊嚴？鄙視自己、輕視自己的結果，只能是失去健康、失去獨立的人格，讓自己變成一個自私自利的小人。

因為，如果一個人不愛自己，不相信自己，他也不可能愛他人和相信他人，他還會設法透過犧牲他人的利益來大肆攫取，以彌補那些令人絕望的個人空虛感和挫折感。品格是立身之本，喪失品格的人，將喪失別人對他的敬佩與肯定。自我尊重是通向成功和幸福的必經之路。無條件地熱愛自己，因為你就是你，是世上獨一無二的人。

給他人關懷的人永遠被稱為「人」

您可曾輕撫過您父親的背？
當手指試圖拉近一種類似的記憶時，
我的手指告訴我，沒有。
……
一把骨頭是我對他身體感受的一切，
脊骨邊緣扎手，肋骨像新島浮出海面。
我覺得他在努力伸展，不為什麼，
感到他的手指抓住我的肩膀。
他正在滑向泥土，我的雙手告訴我，
您最好記住這一切。

以上節選自詩人科尼利厄斯・伊迪的詩歌《我知道我正在失去你》。在死亡面前，人們往往很難割捨對於其他人的感情，在這一時期內心中的關愛就會全部表現出來，對其他生命的重視也會達到最高。

而實際上，對於很多人來說，在他人或者自己臨死之前才醒悟到這一點總是有一些晚的。我們為何不在他人的生命還有很長一段時間內給予他人更多的關懷，讓他人能夠更好地生活呢？

火車站外，一位學者和朋友在送人。送走人之後，兩人剛走出火車站不遠，就看到一個瘋瘋癲癲的人迎了上來，攔住了他們的去路。他衣衫襤褸，頭髮亂蓬蓬的。誰都會以為他是一個討錢的人，於是學者的朋友就掏出一塊錢來遞給他。他瞪了瞪他，沒有接，然後將目光移向了學者，小心翼翼地說：「這位老先生，我看得出來你是個有學問的人，能不能給我講講馬丁・路德・金是個什麼樣的人？」

朋友想推開他，學者卻阻止了他，領著那個瘋子到另一個角落。他從馬丁・路德・金的身世、演講、夢想一直講到馬丁・路德・金的死亡，大約用了十幾分鐘時間。學者講得繪聲繪色，那瘋子也聽得津津有味。臨走的時候，瘋子抓住學者的手，眼眶中泛動著晶瑩的淚花：「謝謝你，我求了好多人，只有你才肯講給我聽！」學者的手也用力搖動了幾下。

回去的路上，學者的朋友問：「他是個瘋子吧？」學者沉默了一會兒才說：「也許是，但他首先是一個人，只要是人，都是值得尊重的。因為在尊重別人的時候，同樣也是在尊重自己！」

懂得維護他人尊嚴的人也維護了自己的尊嚴，當人們對他人的尊嚴熟視無睹甚至踐踏的時候，他自己的尊嚴也正在被自己所踐踏。學者能夠獲得瘋子的感謝不僅僅是因為給瘋子講述一個故事，更重要的是給瘋子一個對於人的尊重。這份尊重讓瘋子感受到了生命尊嚴的可貴，感受到了不是一個瘋子和一個學者，而是兩個平等的人在交流。

愛德華・齊格勒的住所附近原本有一幢很龐大的倉庫。一棟紅顏色的房子附近，看上去像是一座大型建築物倒塌後留下的廢墟。它是十九世紀七〇年代時造就的，本來非常結實牢固。隨著當地人離開這裡遷往中西部沃土區後，就坍塌了。它的房頂需要經常修補。可後來卻無人顧及它了。雨水從屋簷外面滲到裡面，並浸入屋樑和立柱上面去。有天刮起了狂風，整幢倉庫開始劇烈地搖晃。在這個地方就可以聽到它發出的咯咯吱吱的聲響，起初，那聲音聽上去似一艘破舊的帆船在水中掙扎；接著就傳來喀喀嚓嚓的巨響。再後來就是一聲震耳欲聾的轟響傳了過來。眨眼工夫它便變成了一堆雜七亂八的廢木料。

尊嚴也需要關懷，就如同那座倉庫一樣，如果沒有人的關懷，人的尊嚴也逐漸會在人類社會的嚴寒中逐漸瓦解、破碎。唯有當人們互相關懷，才能驅除附近的風雨，共同守護尊嚴的存在。

對於別人的關懷，可以在面對生命的逝去時進行，更可以在平常的每一天。無論是學者、乞丐，還是瘋子，都值得我們尊重，值得我們關懷。因為，幫助他人構建尊嚴的同時也是構建我們自己的尊嚴。一個擁有奴隸的人可能被稱為奴隸主，也有可能有一天淪為奴隸，而唯有給他人主動關懷的人才能永遠都被稱為「人」。尊重別人也就是尊重自己，關懷別人也就等於關懷自己。這並不是命運的決定，而是因為外在的身份、地位並不是永恆的，唯有「人」的屬性才是永恆的。

放下尊嚴的道歉，是屈服

任何人都不是十全十美的，每個人都有可能犯下錯誤。在自己犯下的錯誤傷害了別人時，我們是需要道歉的。但是，道歉並不一定意味著我們要放下自己的尊嚴。從嚴格意義上來說，放下尊嚴的道歉並不能稱之為道歉，而應該叫做屈服。

強森的母親是在他七歲那年去世的，父親後來又娶了一個猶太人，繼母來到他家的那一年，小強森十一歲了。剛開始，強森不喜歡她，大概有兩年的時間他沒有叫她「媽」，為此，父親還打過他。可越是這樣，強森越是有一種強烈的抵觸情緒。然而，強森第一次喊她「媽」，卻是在他第一次也是唯一一次挨她打的時候。

一天中午，強森偷摘人家院子裡的葡萄時被主人給逮住了，主人的外號叫

「大鬍子」，強森平時就特別畏懼他，如今在他的眼前犯了錯，強森嚇得渾身直哆嗦。

大鬍子說：「今天我不打你也不罵你，你就給我跪在這裡，一直跪到你父母來領人。」

聽說要自己跪下，強森心裡確實很不情願。大鬍子見他沒反應，便大吼一聲：「還不給我跪下！」

迫於對方的威懾，強森戰戰兢兢地跪了下來。這一幕，恰巧被他的繼母給撞見了。她衝上前，一把將強森提起來，然後，對大鬍子大叫道：「你太過分了！」繼母平時是一個少語性格內向之人，突然如此震怒，讓大鬍子這樣的人也不知所措。強森也是第一次看到繼母性情中另外的一面。

回家後，繼母用柳條狠狠地抽打了強森的屁股兩下，邊打邊說：「你偷摘葡萄我不會打你，哪有小孩不淘氣的？但是，別人讓你跪下，你就真的跪下？你不覺得這樣有失人格嗎？不顧自己的人格尊嚴，將來怎麼成人？怎麼成事？」繼母說到這裡，突然抽泣起來。強森儘管只有十三歲，但繼母的話在他的心中還是引起了震撼。他猛地抱住了繼母的臂膀，哭喊道：「媽媽，我以後不這樣了。」

繼母教會了強森人生中的重要一課——人活著要有尊嚴。繼母因為懂得這一點所以從沒有勉強小強森叫她母親，當然她同樣不允許別人侮辱小強森。

人類在任何時候都不能放下自己的尊嚴。因為，人之所以成為人，是因為自身上有一些原則性的東西。這些原則性的東西讓人類可以抗拒或者擺脫動物的本能反應，比如說可以在極度危險時去營救他人而不是做出逃跑這樣趨利避害的本能反應。人類屬於動物，但不完全從屬於動物，就是因為人所擁有的尊嚴。在康得的哲學體系中，人只有在獲得尊嚴的時候才獲得了屬於自己的崇高感，也才成為了目的本身。

強森跪了下去，是強森的本能反應。但是，母親叫他站了起來，是讓他獲得人類擁有的尊嚴，真正地成為一個人。人類自身並沒有要求每一個人都成為君子或者聖人，也不需要去成就英雄式的壯舉或者做出多麼大的犧牲。人類社會一直以來都是一個包容性很強的社會，但社會的包容並不意味著標準的降低，一個不能維護自身尊嚴的人是很難在任何社會中立足的。

犯了錯誤就要承認錯誤並且盡可能地改正錯誤，但這和尊嚴並沒有什麼關係。即使過去的錯誤是在放下尊嚴時犯下的，這也並不意味著此刻的你就能放下尊嚴。一個敢於堅持尊嚴而承認錯誤的人才是真的值得人們欽佩的，如果一個人承認錯誤會抱著放下尊嚴也可以的態度，那麼，他也必定不是真心誠意地承認錯誤，而只是想要從承認錯誤中謀求一定利益。

卑微而不卑賤的生活

人的一生既會有成功的喜悅，也會有失敗的煩惱；既會經歷坦途，也會經歷坎坷。遇到順境的時候，人們往往會做出同樣的選擇；而遇到困境的時候，人們才會展現真正屬於自己的一面。

古羅馬哲學家盧克萊修曾經說過，「人是自由的，成人成獸都來自自己的選擇。」在卑微的時候，你既可以選擇維護人的尊嚴，也可以選擇卑賤地生存下去。卑賤地生存下去這條路總是比較容易，但是你一定要知道，人生並不是容易度過的。當選擇一條容易的路時，你就很難體味到生命的價值所在。維護尊嚴地生存下去雖然不一定會最終改變自己卑微的生活，但卻一定會受到他人的尊敬。

被公認為美國歷史上最偉大總統的林肯，當選總統的那一刻，令整個參議院的議員都感到尷尬，因為林肯的父親是鞋匠。

當時美國的參議員大部分出身貴族，自認為是上流、優越的人，從未料到要面對這樣一個卑微的人，於是，林肯首度在參議院演說之前，就有議員設計羞辱他。站上演講臺的時候，有一位態度傲慢的參議員站起來說：「林肯先生，在你開始演說之前，我希望你記住，你是一個鞋匠的兒子。」所有議員都大笑起來，為自己雖然不能打敗卻能羞辱他而開懷大笑。

林肯等到大家的笑聲停止，說道：「我非常感謝你使我想起我的父親，他已經過世了，我一定會記住你的忠告，我永遠是鞋匠的兒子，我知道我做總統永遠無法像我的父親做鞋匠那樣好。」

參議院陷入一片靜默中，林肯轉頭對那個傲慢的參議員說：「據我所知，我父親以前也為你的家人做鞋子，如果你的鞋子不合腳，我可以幫你修改它，雖然我不是偉大的鞋匠，但是我從小跟隨我父親學會了做鞋子的技術。」

然後他對所有的參議員說：「對參議院的任何人都一樣，如果你們穿的那雙鞋是我父親做的，而它需要修理或改善，我一定盡可能幫忙，但是有一件事是可以確定的，我無法像他那麼偉大，他的手藝是無人能比的。」說到這裡，林肯流下了眼淚，所有嘲笑聲全部都化成了讚歎的掌聲。

其他人避之唯恐不及的話題，林肯輕輕鬆鬆的就回答了。這是因為林肯和那位傲慢的參議員不同，林肯並沒有輕視自己父親的職業。鞋匠與參議員都是工作而已，唯一的不同也許就是鞋匠生活得更艱苦，而參議員生活得更體面。兩者的本質都是工作，在這一點上沒有任何的區別。那些覺得自己的生活卑賤的人只是因為自己看清自己，以為自己的生活註定是卑賤的。對於這些人來說，他們不願意堅持稱之為人的最後一步，只能墮入盧克萊修所稱為的「獸」了。

一些哲學家認為鞋匠的生活並不卑微，實際上，鞋匠的生活是卑微的。只不過，同樣的參議員的生活也是卑微的。自從人類足以稱之為人的那一天起，人類就時刻感受到大自然的美麗、精妙以及威脅。人類必須聚集在一起才能對抗大自然中潛在的威脅，也才能不斷地進步。每一個人的生活都是卑微的，正因為這種卑微的生活才使得人們可以互相尊重，也正是因為這種卑微的生活才使得人們知道尊嚴的可貴。

每一個人都生活在並不容易生存下來的世界，生活中總是會出現各式各樣的危機和困難。尊嚴卻是我們最後應該堅守的堅持，因為人類特有的尊嚴能夠將所有人聚集在一起，讓人們共同面對危機和困難，讓人們在互相尊重的基礎上建立感情，讓人們從各自的內心中走出來，讓所有的人都能夠成為朋友、親人。選擇了卑賤地生存下去會讓他脫離整個團體，喪失成為人的資格。

記住，生命是可貴的，值得我們用盡全力去延續其存在的。但，人類生命的可貴之處在於成為「人」成為「我」的生命，當一個生命不能稱之為「人」的生命，就不值得我們像以前那樣珍惜。同樣，當生命喪失了「我」的尊嚴，生命也同樣不值得珍惜。

生命卑微

不卑賤

第五課　高貴的活著

英國哲學家、詩人貝恩斯在泰晤士河上看見一個富翁被人從河裡救了起來。那個冒著生命危險營救富翁的窮人，結果只獲得了一個便士的回報。圍觀的人被這富翁的吝嗇激怒了，要把他再扔到河裡去。

這時，貝恩斯立即上前阻止，說：「放了這位先生吧，他十分瞭解自己的價值！」

「成人成獸全靠自己」

文藝復興時期哲學家、人文主義者托麥達在《驢的論辯》中設想人與驢爭論誰更優越的問題。人說人能建造房屋、宮殿，因此人比動物更高貴；驢則用蜂、蜘蛛和鳥的例子說明動物也有建築本領。人說人以動物為食，因而更優越；驢卻指出寄生蟲以人體為養料，獅子和鷹也食人肉。但人最後找出的證據說服了驢，即天主肉身化的形象是人，而不是其他動物。在此意義上，人要高於動物而存在。

文藝復興時期最大的貢獻是「人」的發現，重估了人的價值和定位，將「人」從「神」的束縛之下解脫出來。然而，隨著知識的不斷積累，人類發現自己與「神」的距離越來越遠，而離動物的距離越來越近了。無論在人類身上加上多少諸如「理性」、「尚未定型」等標籤，人類的本質始終是一種動物。

這種認識也就促成了伊壁鳩魯主義者的勝利，而諸如「神是不死的人，人是會死的人」等觀點則得不到事實的支撐。既然人類是動物，那麼，人類為什麼不能按照動物的本性去生活，而要依靠理性來迫使自己變得更加不快樂。為什麼展現自己屬於動物一面的本性就屬於墮落呢？

對於人的這種尚未定型的特性，尼采有許多論述。他說：「我們人類是唯一這樣的創造物，當其有錯誤時，能將自己刪改，如同刪掉一句錯誤的句子：『人應當看到自己的力量是可大可小的，他的能力如在良好環境下也許可以發展到最高。』人可以治理自己的情欲，如園丁一樣，但多少人知道這是隨我們自由的呢？多數人豈非把自己看做完成了的既定事實嗎？」

尼采認為，「人是尚未定型的動物。」尚未定型，意味著人的不完善，同時人正是藉此而與其他動物區別開來，並且戰勝了其他動物。其他動物在物種上都已固定，沒有發展的自由了。人卻不然，他沒有一成不變的既定本質，他可以改變、塑造自己，創造自己的本質。人類可以成為動物，也可以成為超人，人類擁有自由選擇的權力。尼采的這種認知等同於盧克萊修所說的「成人成獸全靠自己」。在這裡更準確的意思是「成神成獸全靠自己」。人類的這種選擇權力來自於自己的思想。

布萊士・巴斯卡，法國著名的數學家、物理學家、哲學家和散文家。有一天，當他從河邊經過時，被水中密集的蘆葦所吸引。狂風吹來，蘆葦隨風搖晃，幾欲折斷，而每次又堅強地站起來。帕斯卡由此聯想到了人類：

「人只不過是一根蘆葦草，是自然界最脆弱的東西，但他是一根能思想的蘆葦草。用不著整個宇宙都拿起武器來才能毀滅他，一口氣、一滴水就足以致他於死命了。然而，縱使宇宙毀滅了他，人卻仍然要比致他於死命的東西更高貴得多，因為他知道自己要死亡，以及宇宙對他所具有的優勢，而宇宙對此卻是一無所知。因而，我們全部的尊嚴就在於思想。」

這是巴斯卡關於人的經典比喻，它讓人認識到自身的弱點，也讓人看到了自己的尊嚴。人是一種動物，這並不意味著人就可以成為完全的動物。在人的身上，我們會看到對人性、自由、尊嚴的追求以及對慾望的控制。人類擁有的思想讓我們超越了自然界的其他動物，制約本身所具有的動物性。在歷史上、現實中，我們都很少看到有人會像動物一樣生活。人類在抑制並且能夠抑制來自動物的本能，這讓我們可以選擇自己通向未來的路，可以真正地活著，感受世界與自我的變化。

墮落成完全的動物就意味著我們放棄了經過無數世代努力所獲得的一切，墮落成完全的動物就意味著喪失了從屬於人的一切，墮落成完全的動物就意味著受到本能的絕對控制。

無論我們選擇怎樣的生活，墮落成完全的動物都不是一項好的選擇，因為從根本上，這不是一個被稱為「人類」的人應該有的選擇。

未經省察的人生不值得過

蘇格拉底曾經說過：「未經省察的人生是不值得過的」。很多人都認為自己對於人生非常瞭解，可是你是否曾經想過「我是誰？我為什麼要活著？什麼樣的生活才有意義？」事實上，很多我們確信無疑的事情並非像自己想像的那麼簡單，很多我們非常有把握的問題自己並未揭開它神祕的面紗。

人類是偉大的，超越動物而存在的。同樣也是渺小的，在浩瀚的星空和宇宙中，每個人都只不過是一粒塵埃。人類沒有資格也沒有能力認為自己已經掌握了一切，事實上正如蘇格拉底所說的那樣，「我唯一知道的事情就是一無所知。」

有一天，蘇格拉底的弟子聚在一塊聊天，一位出身富有的學生，當著所有同學的面，誇耀他家在雅典附近擁有一片廣闊的田地。

當他在吹噓的時候，一直在旁邊不動聲色的蘇格拉底，拿出一張地圖說：「麻煩你指給我看，亞細亞在哪裡？」

「這一大片全是。」學生指著地圖洋洋得意的說。

「很好！那麼，希臘在哪裡？」蘇格拉底又問。

學生好不容易在地圖上找出一小塊來，但和亞細亞相比，實在是太微小了。

「雅典在哪兒？」蘇格拉底又問。

「雅典，這就更小了，好像是在這兒。」學生指著一個小點說道。

最後，蘇格拉底看著他說：「現在，請你指給我看，你那塊廣闊的田地在哪裡呢？」

學生滿頭大汗的找不到，他的田地在地圖上連一絲影子也沒有。他很尷尬的回答道：「對不起，老師，我錯了！」

相對於地上的螻蟻，我們是龐大的；相對於宇宙，我們是渺小的；相對於動物，我們是超越的；相對於「超人」或者「神」，我們又是落後的。我們的生活也總是隨著參照物的變化而變化，和富豪相比，我們比較窮；和乞丐相比，我們又比較富；和非常快樂的人相比，我們沒有那麼快樂；和非常悲傷的人相比，我們又沒有那麼悲傷。任何人的人生都在不斷的對比中顯現出來，也在不斷的對比中發生轉化。如果無法省察人生，我們的生活就會在對比中迷失。而如果我們選擇了適合自己的路線，我們就可以一直向前走，而不去管周圍的比照。

一個不考慮自己人生的人永遠會被他人牽著鼻子走，不斷在他人的誘導下改變自己的判斷，自己的立場。而那些瞭解人生的意義與目標的人才會不受到外界的過多影響，堅持走屬於自己的這一條路，擁有屬於自己的人生。

省察人生可以讓我們的生活更加富於理智，更加周密細緻，可以為我們的人生樹立一個明確的目標，讓我們能夠不斷追尋人生的目的，而不去走冤枉路。未經省察的人生就像是一個人被留在茫茫的沙漠當中，不知道該向那個方向前進，也不知道自己是否能夠走出這心靈的荒漠。更為可悲的是，人生的足跡會被風不斷地吹走，什麼都不曾留下。未曾省察人生的人即使取得了非常驚人的成就，也不會得到同等的快樂，因為他不會明白這些是他想要去經歷的，還是不得不經歷的。

生命無法拒絕，也無法再次選擇。然而，我們卻可以選擇如何度過活著的每一天。渾渾噩噩的生活不會讓我們感受到尋找人生目標的迷茫和痛苦，但也不會讓我們感受到生活中經歷的那些快樂和興奮。不省察自己的人生就是一種對真實生活的逃避，對自我的逃避，這樣的人就如同不知道為什麼推石頭上山的西西弗斯，感到無聊、乏味卻不得不繼續下去。省察自己人生的人同樣如同推石頭上山的西西弗斯，但他們知道為何要推石頭上山，會感受到石頭滾落到山下的痛苦，也會感受到石頭到達山頂的喜悅。而且，對於這些人來說，每一次推石頭上山都和之前的一次也和之後的一次不同。省察人生的人與不省察人生的人在推石頭上都會有如此之多的區別，更何況是燦爛無比的人生呢！

校正自己的生活方式

世界上沒有兩個完全相同的人，然而在社會中，很多人卻顯得越來越相似。他們有著同樣的談吐，同樣的舉止，甚至同樣的想法，他們如同社會這個大工廠裡批量生產的產品。而人們越來越相似則應歸因於周圍的環境。

有一個人在社會上總是不得志，異常苦惱，有一天他碰到一位哲學大師，向他傾吐了自己的傷心事。大師沉思了一會兒，默然舀起一瓢水，說：「這水是什麼形狀？」

這人搖頭：「水哪有形狀呢？」

大師不答，只是把水倒入一個杯子，這人恍然，道：「我知道了，水的形狀像杯子。」

大師無語，輕輕地拿起花瓶，把水倒入其中，這人又道：「哦，難道說這

水的形狀像花瓶？」

大師搖頭，輕輕提起花瓶，把水倒入一個盛滿花土的盆中。水很快就滲入土中，消失不見了。這人陷入了沉思。這時，大師俯身抓起一把泥土，歎道：「你看，水就這麼消逝了，這就是人的一生。」

那個人沉思良久，忽然站起來，高興地說：「我知道了，您是想透過水告訴我，社會就像一個個有規則的容器，人應該像水一樣，在什麼容器之中就像什麼形狀。而且，人還極可能在一個規則的容器中消失，就像水一樣，消失得迅速、突然，而且一切都無法改變。」

人就像是裝在容器中的水一樣，隨著容器形狀的改變而改變。我們會在環境的影響下或者隨著自身的成長而改變自己的生活方式。生活方式的改變讓我們偏離了原有的軌道，逐漸遠離自己的理想和目標。因此，我們需要隨時校正自己的生活方式，讓一切在正確的軌道上運行。

生命如同河流一樣，會在前進的路上不斷遇到障礙。我們有可能因為障礙而改變自己的河道，有可能不斷衝擊遵行自己原有的路。後者無疑是痛苦的，但也是值得的。因為隨波逐流的道路會讓我們喪失自我，讓自己的生命變得卑微。我們要高貴的活著，就要敢於抗拒生命中出現的阻礙，堅持自己的生活方式，讓自己的河流能夠以正確的方式流入大海。這樣做雖然困難，但也並非不可能，只要我們能夠隨時校正自己的生活方式，我們同樣可以改變生命的容器。

聽了年輕人的話，大師微笑著說：「是這樣，又不是這樣！」說畢，大師出門，這人隨後。在屋簷下，大師伏下身，用手在青石板的臺階上摸了一會兒，然後頓住。這人把手指伸向大師手指所觸之地，那裡有一個深深的凹口。

大師說：「下雨天，雨水就會從屋簷落下。你看，這個凹處就是雨水落下的結果。」

此人於是大悟：「我明白了，人可能被裝入規則的容器，但又可以像這小小的雨滴，改變這堅硬的青石板，直到容器破壞。」

大師點頭：「對，這個窩會變成一個洞。」

如果我們可以隨時校正自己的生活方式，我們就能夠像水滴一樣破壞容器或者說改變容器。這樣做不僅需要堅持不懈的努力，更需要一直保持自己在同一片區域。如果我們不停地變換滴落的位置，同樣是無法改變容器的。隨時校正自己的生活方式可以讓我們滴落在同樣的區域裡，讓我們衝破障礙，沿著原有的軌道前行。

對我們每個人來說，隨時校正自己的生活方式可以有效控制自己的生活，更容易達到自己的目標。同時，校正自己的生活方式還可以幫助我們保持高貴的活著，讓我們的行為與思想都不至於偏離。

適應社會但不屈從於社會

任何人都無法戰勝一個強大的傻子。因為傻子會將你的智商拉到他的層面，然後用豐富的經驗戰勝你。而如果你不將智商降低到傻子的層面，傻子就會一拳揍扁你。這並不僅僅是一個冷笑話，還是一個深刻的隱喻。這裡的傻子隱喻的就是我們所處的社會。

很多能夠戰勝並且改造這個社會的人無法融入這個社會，而融入這個社會的人卻已經沒有足夠的頭腦戰勝這個社會了。這就是所有想要改變眼前這個社會的人的宿命。不適應這個社會就會被社會所排斥，適應這個社會就會無力改變這個社會。可是，問題是我們為什麼要改變這個社會。一些人可能會提出社會制度不完善的很多方面，然而，事實並不像我們想像的那麼簡單。

約翰・羅爾斯的《正義論》記載著這樣一個故事：

約翰和瑪格麗特有三個孩子：十四歲的馬太，十二歲的馬可，十歲的路加。耶誕節時要為他們買聖誕禮物。這一年，他們打算為每個孩子花一百英鎊來買禮物。他們想公平地對待他們的孩子，而不偏袒任何一個。

一開始，他們的採購看來不會有麻煩，因為他們不久就找到了他們想要的：單價一百英鎊的花花公子遊戲機。正當他們要去為三台遊戲機付款時，約翰注意到一個特惠活動：如果購買兩台單價一百五十英鎊的新型高級遊戲機，將能免費贈送一台原裝遊戲機。他們可以花同樣的錢獲得更高級的商品。

「我們不能這麼做，」瑪格麗特說，「那是不公平的，因為將有一個孩子得到比其他兩個更差的禮物。」

「但是瑪格麗特，」約翰說，「這怎麼會不公平呢？他們都不會獲得了更好的。如果我們不參加特惠活動，有兩人將獲得比本來應當獲得的禮物更差的。」

「我希望他們全都平等。」瑪格麗特回答道。

「即使這意味著讓他們獲得較差的禮物，也要平等嗎？」

公平就會得到較差的結果，而獲得較好的結果就必然不公平。在社會中，這樣的事情比比皆是。整個社會是由無數的「聰明人」所組成的，他們試圖去構建一個完全的社會，不同的需求在構架下相互平衡。各種的限制、各種的妥協之後的結果就是現在的社會。借用黑格爾的話來說，「凡是現實的都是合理的；凡是合理的都是現實的。」社會之所以強大就因為社會這個傻子的構造是很多聰明人所設計的，是任何其他人所很難抗拒的。想要生活，我們就必須要學會適應眼前的社會，否則就會被這個社會所淘汰。

適應社會並不意味著就一定要屈從社會，就像裝傻並不意味著一定要變成傻子。適應社會只是我們的手段，而不是我們的目的。我們的目的是更好的生活。一個人在適應這個社會中必然受到社會各式各樣的影響和改造，其中一些是必要的，一些是不必要的，一些是我們喜歡的，一些是我們不喜歡的。我們需要做的就是做出必要的改造，然後去尋求我們喜歡的事物。

融入社會以及影響社會的過程是一個不斷選擇的過程，與他人做出相同的選擇可以讓我們成為「社會人」，與他人做出不同的選擇可以讓我們成為「我」。在這個過程中，我們需要做到的就是區分好什麼是我們必須選擇的，什麼是我們可以自主選擇的。

人類聚集在一起形成社會，那些不能適應社會的人是無法生存的，而那些屈從社會的人卻無法成為自我。對於每一個人來說，作為「我」的生存與生存同等重要。因為只有當「我」存在時，我們才能感受到周圍的一切。如果「我」都不存在了，那麼「我」的感受、「我」的經歷、「我」的所有一切都不存在了。那麼，這個世界對於「我」來說又有什麼意義呢？我們需要保持「我」的存在，這樣才能理解社會、適應社會的需求。

第二輯幸福：人生的真諦

幸福不是對於過去的回憶，也不是對於未來的幻想，而是對於現在的感受。真正的幸福需要透過我們融入到此刻快樂的事實。在創造生活與享受生活中尋求平衡，我們要不斷追求生命的高峰體驗，不斷讓心智變得成熟，全心全意地擁抱愛。這樣我們才能夠有一份平和的心境，讓自己的生活充滿幸福和快樂。

第六課　創造抑或享受

一六五六年斯賓諾莎的父親去世。他同父異母的妹妹和丈夫設下詭計，剝奪了他所有的繼承權。他們以為這個心不在焉的年輕人不會在意的。但發生的情況完全相反，斯賓諾莎提起了訴訟。

不過，斯賓諾莎只是保留了他母親用過，並在上面去世的那張床，以及一張深綠色的簾子，將應得的其餘的一切都讓給了輸掉官司的對手。

上帝與人，你聽誰的

人的一生究竟該如何度過？有的人認為人的一生應該創造，有的人認為人的一生應該享受。一位哲學家根據這些爭論講了一個有趣的故事。

有一天，上帝創造了三個人。他問第一個人：「到了人世間你準備怎樣度過自己的一生？」

第一個人回答說：「我要充分利用生命去創造。」

上帝又問第二個人：「到了人世間，你準備怎樣度過你的一生？」

第二個人回答說：「我要充分利用生命去享受。」

上帝又問第三個人：「到了人世間，你準備怎樣度過你的一生？」

第三個人回答說：「我既要創造人生又要享受人生。」

上帝給第一個人打了零分，給第二個人打了一百分，給第三個人打了七十五分，他認為第三個人才是最完美的人，他甚至決定多生產一些「第三個」這樣的人。

第一個人來到人世間，表現出了不平凡的奉獻感和拯救感，他為許許多多的人作出了許許多多的貢獻。對自己幫助過的人，他從無所求，他為真理而奮鬥，屢遭誤解也毫無怨言，慢慢的，他成了德高望重的人，他的善行被人廣為傳頌，他的名字被人們默默敬仰。他離開人間，所有人都依依不捨，人們從四面八方趕來為他送行。直至若干年後，他還一直被人們深深懷念著。

第二個人來到人世間，表現出了不平凡的佔有欲和破壞欲，為了達到目的他不擇手段，甚至無惡不作。慢慢的，他擁有了無數的財富，生活奢華，一擲千金，妻妾成群。後來，他因作惡太多而得到了應有的懲罰．正義之劍把他驅逐出人間的時候，他得到是鄙視和啐罵。若干年後，他還一直被人們深深痛恨著。

第三個人來到人世間，沒有任何不平凡的表現。他建立了自己的家庭，過著忙碌而充實的生活。若干年後，沒有人記得他的生存。

人類為第一個人打了一百分，為第二個人打了零分，為第三個人打了七十五分。這個分數，才是他們的最終得分。

上帝給享受者打了滿分而給創造者打了零分，相反，人類給創造者打了滿分而給享受者打了零分。我們是應該聽從上帝去努力享受，還是應該聽從人類努力創造？哲學家羅素認為，我們既不應該完全聽從上帝的，也不應該完全聽從人類的，而是應該在工作和享受中尋找平衡。他曾經說過：「工作應該被看做是幸福的源泉，還是不幸的源泉，尚是一個不能確定的問題。確實有很多工作是非常單調沉悶的，工作太重也總是令人痛苦的。然而，如果工作在數量上並不過多，即使是單調的工作對於大多數人來說也比無所事事要好。」

工作，是現代人生存的常態，無論男女，在農村也許因季節的變化，你會享受片刻的休息時光，但是一旦來到城市這個大機器裡，你要想活著，必須把自己變成一顆螺絲釘，隨著城市一起運轉；否則，你的結局只能是被拋到城市之外。所以，你必須工作。

但是，如果你單純用工作來填充自己的人生，那你的人生就只剩下了一種顏色──灰色。工作帶來的壓力，工作中的人際關係，上下級的關係，會讓你倍感焦灼，於是漸漸地，你就會陷入一種亞健康狀態。是的，很多現代人都有這種狀態，這時，你就要轉換對工作的態度，首先要把工作視為一種興趣，帶著激情去工作。

過度勞累的工作會讓我們感到異常疲倦，完全無所事事地享受同樣也會讓我們感到疲倦。我們是很難在疲倦中尋找到幸福的，而是應該尋找到工作和享受的平衡，在對工作感到疲勞的時候充分的休息，在對無所事事感到疲勞的時候適當的工作。而且如果仔細閱讀哲學家的故事，我們就會發現他也給出了自己的答案。綜合上帝與人類的評分，工作者一百分，享受者一百分，既工作又享受者一百五十分。綜合二者的答案，我們會發現幸福就在工作和享受中間。

生存並不等於真正的生活

生存下去是非常容易的，真正的生活是比較困難的。這是因為生存下去只是在延續我們的生命，只要滿足我們自己對於食物、空氣、睡眠等方面的基本需求就可以。生活則複雜很多，我們不僅要考慮到基本的生存需要，還要不斷滿足自己諸如社交等方面的需要。

生存是生活的基礎，如果無法生存下去，我們也就很難去追求更好的生活了。但是，將生存等同於生活就會讓人變得與動物毫無區別。而在現代社會，我們卻不得不瞭解到，隨著生存的壓力，渴望更好生存的需求正在把人的生活與生存等同起來。

羅素在《走向幸福》一書中為我們描述了當今社會的現代人：他是一個年少有為的商人，當妻子和孩子們還在酣睡時，他已早早起身趕到了辦公室。在那裡，他的職位是一位大經理，他安排底下員工的各項任務，和形形色色的人通話聯繫，研究市場行情，然後和那些正在或打算與他交易的人共進午餐，晚上要和另外一些生意場上的人一起吃飯。最後，他拖著疲憊不堪的身體回到家中，和妻子說話，教育孩子，然後上床睡覺，結束一天的生活。

這就是很多人的真實寫照，人們每天都處於巨大的壓力之下，忙碌地工作以佔有更多的個人利益，維護自己的生存。長期處於這種生活的人們就會越來越在乎維護生存的能力，會開始以生存能力的強弱判斷一個人是否幸福。這樣，人們就會投入功利主義的懷抱，相信人的幸福是可以計算的，而且唯一的標準就是人的功利。

功利主義強調人的個人利益，認為唯有個人利益才是最為實在的考量幸福的標準。

功利主義者通常會認為當一個人佔有了更多的個人利益，他就是更幸福的。而當他的個人利益因為受到侵犯而減少，他就是不幸福的。同時，功利主義者也為幸福的量度提供了一個最為簡單的平臺，只需要比較兩個人擁有個人利益的多少即可。

我們可能會提出一些形而上的質疑，諸如人的利益能夠作為一個合適的標準嗎？或者是幸福是可以量度的嗎？然而，當這些提問遠離我們的生活，更為恰當的疑問是那些佔有更多個人利益的人真的比佔有較少個人利益的人更幸福嗎？

如果審慎地考察這樣的觀點，我們就會發現這種觀點是由於對生存的過度重視導致的異化。生存是一切事情的前提，但是，我們的努力並不僅僅是為了生存，而是為了生活，為了我們作為一個人的生活。

當更多個人利益也就是更強的生存能力是評判幸福的唯一標準，那麼，幸福就不再是人類的標準，而是機器人的標準。機器人無疑比人類更加理性，更加能夠完整地貫徹功利主義所提出的複雜的規定。

生存從來都不應該成為一個人擁有生命的全部目的。在努力求得生存的同時，我們應該更加關注於我們的生活，追求更加幸福的生活。生存是無法成為其本身的目的的，就像我們不能為了創造而創造，也不能為了享受而享受。努力維持生存的目的是為自己以及他人獲取更為幸福的生活。我們所需要堅持的是不要在追求生存中發生異化，忘掉維持生存本來的目的。

金錢能買來幸福嗎

金錢能夠買來幸福嗎？如果答案是肯定的，我們就將擁有最簡單的幸福標準。設定一個人擁有一美元，他的幸福指數是一。如果一個人擁有一百美元，他的幸福指數就是一百。後者就比前者幸福一百倍。事實真的如此嗎？難道那些年薪億萬的富翁真的就比那些流離失所的乞丐幸福幾萬倍嗎？

一個叫做「新經濟基金會」的經濟機構曾經專門調查過金錢究竟能夠給人帶來多少幸福？結果他們透過問卷調查得到這樣的結論，在受訪者中，自認為幸福的美國人和五十年前幾乎維持著相同的水準，而現在美國人人均實際收入已經遠遠超過五十年前的人們。另外一個研究報告的結果則表明，人均年收入超過兩萬元以後，人們的幸福就不再和收入成正比了。

綜合這兩個結論，我們得出非常簡單的答案：更多的金錢無法給人們帶來

更多的幸福。那麼，又是什麼讓今天的很多人認為擁有更多的金錢更幸福，並且為了獲得更多的金錢不惜犧牲自己的一切。羅素是如此回答這個問題的：「在我一生當中，我認識許多有錢人，可我實在想不起他們中間有哪一位顯得自由或者幸福。我也認識許多極其貧困的人，他們同樣不自由、不幸福。但介於二者之間，你會發現最自由、最幸福的一群。巨富和赤貧都不能帶來幸福。」

如果一個人甚至無法滿足自己的溫飽，他也是不幸的。很多人認為金錢能夠帶來幸福正是因為金錢可以換取一些物品，來滿足我們最初級的生存需要。而人的肉體需要是很有限的，無非是溫飽，超於溫飽的便是奢侈，而人要奢侈起來是永無止境的。一個人為維持生存所需的物品並不需要太多，那些多餘的東西固然能夠給我們提供額外的享受和榮耀，但如果一味地強求，人自身便會淪為物質的奴隸，活在一個被扭曲的世界。這就是為什麼許多人雖然看上去得到了無上的享受，但是卻並不真正幸福的原因。

人們會藉此提出如果富翁給予那些窮人一些錢的話，我們就會增進這些窮人的幸福感。事實上，單純的社會救濟或者富翁的捐贈或許可能消除窮人不幸福的狀態，卻不會讓他們迅速變得幸福起來。

有個億萬富翁，一天因為工作上問題，他六神無主，煩躁不安。他的辦公室空調調到適宜的溫度，然而，他還是感覺熱，渾身有要出汗的感覺。他踱步到窗前，順著窗戶向外看，只見一個拉板車的人正躺在夏日炎炎的大街上呼呼地睡得正香，而給他抵擋太陽的僅僅是板車旁的一點點陰涼。富翁很納悶，他問自己的助手，那個人在這種情況下怎麼就睡得這麼香呢？助手告訴富翁，你想讓他睡不著嗎，很簡單，給他十萬塊錢。

於是，富翁按照助手的意思去做了。這下，那位拉板車的可真睡不著覺了。他擰擰自己的大腿，懷疑自己是不是在做夢，當他確信無疑時，他開始琢磨開了，這十萬元該怎麼花？他想買座別墅，可又不夠。想買輛車出租，可是沒有生意怎麼辦？想開個店吧，萬一虧本了，就太可惜。就這樣，他實在是不知道該怎樣花這筆錢。於是，日夜思考，覺也睡不好，飯也吃不香，連拉板車也沒心思了，弄得他直後悔，不該接受這筆錢。

金錢非但沒有給拉板車的人帶來幸福，反而給他帶來了痛苦。可是，如果這個拉板車的人的親人身患重病，急需一筆錢來治療，那麼這個拉板車的人或許就會感受到幸福。我們還是要注意到幸福並不是來自於金錢，而是來自於金錢所能帶來的良好的結果。

我們無法單純從金錢那裡去獲取幸福，無論你手裡擁有多少金錢都是如此。而當金錢與其能夠帶來的改變聯繫起來時，我們會發現金錢與幸福的多少有關。所以，我們應該關注的不是去獲取更多的金錢，而是建立金錢與其他能夠為我們帶來幸福的條件之間的聯繫。當我們需要金錢來獲取幸福時，沒有金錢是一種悲哀；當我們擁有億萬財富時，沒有任何與金錢相關的幸福更是一種悲哀。

追求你認為最好的東西

經濟學提出的最有益於哲學的概念應該是「稀缺」。經濟學強調「稀缺」的重要性，正是因為「稀缺」的存在，人們才需要想辦法最合理地分配現有的資源。人生同樣面臨如此的問題，每個人的時間都是「稀缺」的。如果人是可以永生的，那麼，我們可以把時間用在所有我們認為重要的事情上，甚至可以浪費時間在我們認為無聊的事情上。而時間這種資源是「稀缺」的，我們必須選擇如何利用僅有的時間讓自己獲得更多的幸福。

斯多葛派哲學家、古羅馬帝國皇帝馬可・奧勒留給我們留下的答案是——將自己的時間用在「追求你認為最好的東西」上。這位帝王哲學家在他所做的《沉思錄》中反覆強調我們應該把自己的時間花在與自己有關的世界上，浪費時間在別人的身上無法增進我們自身的快樂和幸福。在如何分配時間上，我們的確應該聽從馬可・奧勒留的建議。只不過，不同的人所認為最好的東西彼此不同，我們究竟該如何鑒定什麼是自己認為最好的東西。

一天，有位哲學家帶弟子們出行。途中，他問弟子們：「有一種東西，跑得比光速還快，瞬間能穿越銀河系，到達遙遠的地方……這是什麼？」弟子們爭著回答：「我知道、我知道，是思想！」

哲學家微笑著點點頭：「那麼，有另外一種東西，跑得比烏龜慢，當春花怒放時，它還停留在冬天；當頭髮雪白時，它仍然是個小孩子的模樣，那又是什麼？」

弟子們不知如何對答。

「還有，不前進也不後退、沒出生也不死亡，始終漂浮在一個定點。誰能告訴我，這又是什麼？」

弟子們更加茫然，面面相覷。

「答案都是思想！它們是思想的三種表現，換個角度來看，也可比喻成三種人生。」

望著聚精會神的弟子們，哲學家解釋說：「第一種是積極奮鬥的人生：當一個人不斷力爭上游，對明天永遠充滿希望和信心，這種人的心靈不受時空限制，他就好比一隻射出的箭矢，總有一天會超越光速，駕馭萬物之上。」

「第二種是懶惰的人生：他永遠落在別人的屁股後面，撿拾他人丟棄的東西，這種人註定被遺忘。」

「第三種是醉生夢死的人生：當一個人放棄努力、苟且偷安時，他的命運是冰凍的，沒有任何機會來敲門，不快樂也無所謂痛苦。這是一個註定悲哀的人，像水母的空殼漂浮於海中，不存在現實世界，也不在夢境裡……」

這是三種不同的人生，我們甚至不用去過多討論就會猜想到第一種人生就是馬可·奧勒留所提出的「你認為最好」的人生。可是，如果我們把這個問題提給那些無所事事的人，也許在他們的心目中「你認為最好」的人生是第二種或者第三種。人們總是會根據自己的處境、經歷來決定什麼是「你認為最好」。一個患有毒癮的人肯定認為天天與毒品為伍是最好的人生，那麼，他的人生就是幸福的人生嗎？答案很顯然是否定的。

馬可・奧勒留所提出的將時間花在「追求你認為最好的東西」是正確的。但是如此分配時間來獲取最多的幸福，我們需要加上一個必要的條件：「德性」。

「德性」是指道德和人性。我們必須在符合道德和人性的基礎上，追求自己認為最好的東西才會給自己帶來幸福。不遵從道德的想法可能會產生將自己的快樂建立在他人的痛苦基礎上的情況，不遵從人性的想法很有可能讓我們墮落回完全的動物。

每個人都會有自身幸福的判斷，也都願意將自己的時間花費在自己認為最好的東西上。可是，我們在追求自己認為最好的東西時還要去考慮到與自己、與他人關係之間的平衡，考慮自己的品德和人性。

生命卑微
不卑賤

第七課　生命之巔

認為「人生的本質是痛苦」的叔本華，對於花卉有著異乎常人的愛好。他面對一盆奇特的花時總是自言自語道：「這些奇形怪狀的枝幹，給我什麼啟示呢？這些花葉所表現的內部主觀存在和意志，又是什麼呢？」

有時，自言自語之間，叔本華還會幸福得手舞足蹈起來。

追求高峰體驗

在談論生命的時候，人們總會談論到生命的品質。那麼，你是否想過，是生命的質（高度）更重要，還是生命的量（長度）更重要？哪一種選擇能夠讓我們更加幸福？或許很多人認為兩種選擇同等重要，但是在現實生活中我們很難同時最大限度地獲得兩者。所以，我們必須選擇能夠讓我們的生命獲得更多的幸福的一種。

一個國王想要整修王城裡的一座教堂，他派人去找技藝高超的設計師，希望能夠將教堂整修得美麗而又莊嚴。

後來有兩組人員被找來了，其中一組是王城裡很有名的工匠與畫師，另外一組是幾個牧師。由於國王不知道到底哪一組人員的手藝比較好，於是就決定給他們機會作一個比較。國王要求這兩組人員各自去整修一座小教堂，且這兩座小

教堂面對面。工匠們向皇帝要了一百多種顏色的顏料，又要了很多工具，而讓皇帝奇怪的是，牧師們居然只要了一些抹布與水桶等簡單的清潔用具。

三天之後，國王來驗收。他首先看了工匠們所整修的教堂，工匠們敲鑼打鼓地慶祝工程的完成，他們用了非常多的顏料，以非常精巧的手藝把教堂裝飾得五顏六色，非常華麗。皇帝滿意地點點頭，接著又來看牧師們負責整修的教堂。他看了一眼就愣住了，教士們所整修的教堂沒有塗任何顏料，他們只是把所有的牆壁、桌椅、窗戶都擦拭得非常乾淨，教堂中所有的物品都顯出了它們本來的顏色，而它們光亮的表面就像鏡子一般，反射出外面的世界。那天邊多變的雲彩、隨風搖曳的樹影，甚至是對面五顏六色的教堂，都變成了這座教堂美麗色彩的一部分，而這座教堂只是平靜地接受著這一切。國王被這座莊嚴的教堂深深地打動了，勝負顯而易見。

斑斕的顏色並不能塑造一座完美的教堂，而清潔的顏色卻能夠塑造一座讓人感到莊嚴的教堂。生命也同樣如此。無論我們的生命可以延長多久，只要我們依舊無所事事地生存下去，生命的價值就不會有實質上的改變。人生就是一塊非凡的畫布，真正讓畫布更有價值的並不是這幅畫布有多長，而是這幅畫布上究竟有怎樣的畫。

給我們帶來幸福的並不是生命的量，而是生命的質。生命是一場旅程，在這場旅程中有高峰，有低谷。經歷高峰時，人們感到幸福；經歷低谷時，人們感到不幸。但是，如果我們能夠爬到生命之峰的最頂端，我們無疑可以獲得更加幸福的感覺。人本主義哲學家馬斯洛將這種感覺稱之為「高峰體驗」。並將高峰體驗描述為「感受到一種發自靈魂深處的戰慄、欣快、滿足、超然的情緒體驗」。

這種高峰體驗能夠讓我們感受到幸福，我們卻無法刻意讓自己擁有這種感覺。這就如同我們在攀登山峰時並不會知道哪裡才是真的頂點，只有在感受到那種體驗的時候，我們才發現自己到了這裡。然而，我們卻可以為自己獲得高峰體驗創造條件。如果我們可以正確地使用自己的生命，渴望運用生命創造更多的價值，我們就會比其他生活平凡的人更有可能擁有高峰體驗。高峰體驗並不與現實的成功完全相符。人們感受到高峰體驗的時候可能在自己獲得成功的過程中，可能在獲得成功之時，也可能在獲得成功以後。我們無法設計、判斷自己的高峰體驗，只能努力創造條件，之後靜靜等待。

追求高峰體驗是通向幸福的重要途徑，同時也會帶來本性的解放、心靈的自由，釋放出最真的自我。在那一刻，我們處於生命之峰的頂點，享受著人生最高的幸福，也可以俯瞰自己曾經走過以及自己將要走過的路，更加理解此刻的幸福對於生命的意義與價值。

自我的整合

哲學中對立無處不在，比如肉體與靈魂、慾望與理性、自我與社會等等。我們從這些對立中能夠看到的是一個割裂的世界，彼此互相獨立，互不統屬。但是，如果我們能夠從更大的角度去看待這些對立，我們又會發現這些對立本身屬於同一件事物，它們之間顯示出很多的共性，對立則隱藏了起來。

我們的人生中同樣充滿了對立，我們把一些人稱為朋友，另一些人稱為敵人。把一些事情稱為好事，把另一些事情稱為壞事。這樣做的實質就是將雜亂無章的生活分類，隨著分類的增多，我們就會變得越來越與其他人不同，越來越獨立，同時也越來越找不到自己存在的意義，感到迷茫與困惑。

我們認為好的事物能夠給我們帶來幸福，不好的事物能夠給我們帶來痛苦。於是，我們不斷追求好的事物，可是不好的事物總是不斷出現在我們的生活

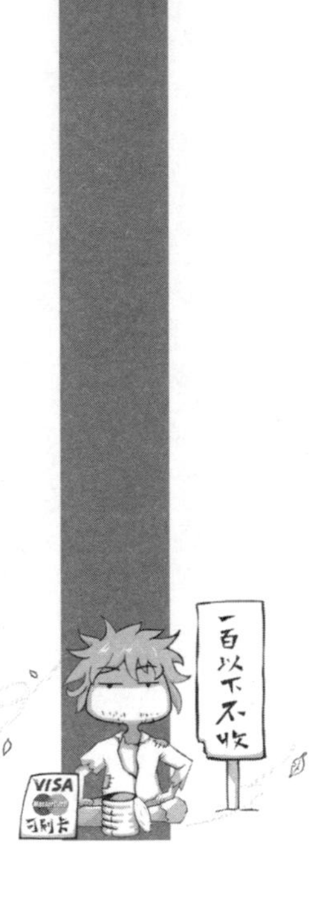

中，我們就總以為自己是不幸的、是痛苦的，實際上，好的事物與不好的事物都屬於事物，都會為我們帶來一些什麼。我們總是錯誤地將生活割裂開來，將好的與不好的對立起來，這樣，人生中感到的不幸就會越來越多。

馬斯洛所講的「高峰體驗」是對這種割裂生活的一種超越。他指出，「高峰體驗」能夠讓人感受到自我的整合，感到自己與他人融合，感受自己融合在整個世界之中，讓人成為一個擁有更純粹精神的人。「高峰體驗」可以讓我們將分裂的生活整合起來，不再將痛苦與幸福對立起來，從融合地視角看待每一個人、每一件事情。這時，我們就會發現，那些痛苦與幸福是連結在一起的，很多人為了獲得更多的幸福或者加重幸福的意義，而使很多事情變得痛苦了。這就如同我們來講課，本來所有的課都很普通，我們就會感覺很普通。如果有一節課非常好，我們非常喜歡，我們就會感受到更多的幸福。但是，如果突然這一節課我們不能講，而是要講別的課，我們就會感受到很痛苦。而這種痛苦是本來沒有的。

「高峰體驗」可以將痛苦與幸福最大限度地融合在一起，讓我們不再因為獲得幸福而加重痛苦的感覺。畢竟在人的一生中遇見自己如意的事物總是不會有自己不如意的事物多。我們越強調某種事物能給我們帶來幸福，在沒有獲得時，我們就會覺得越痛苦。

將所有一切都融合在一起為我們提供了一個新的角度，我們不會再有恐懼、擔憂、鬱悶、壓抑的感覺，因為我們超越了眼前的這些事物，也就超越了眼前所擁有的這些感覺。如果一個人能夠將自己的死亡與自己的生命融合在一起，他就不會再恐懼死亡。如果一個人能夠將未來與過去融合在一起，他就不會再擔憂未來了。如果一個人能夠將好的事物和壞的事物融合在一起，他就不會感受到壞事物帶來的鬱悶了。如果一個人能夠將自己與別人融合在一起，他就不會在別人的面前感到壓抑了。如果人們能夠將一切融合，我們就能夠從更高的角度去看待所有的事物，從更高的角度去擁有自己的感覺。那種感覺必然是幸福的、快樂的。

人們為了更方便地生活不斷把所有的一切對立起來，對立就會帶來一連串的麻煩，不幸的一面會佔據上風，幸福的根據地則會越來越少。「高峰體驗」則能夠將對立起來的一切融合起來，給我們重新認識幸福的機會。獲得「高峰體驗」同樣也在融合當中，當我們能夠融合這些事物，我們也就達到了生命的巔峰，也就能夠獲得「高峰體驗」了。

「他人即地獄」

處在社會中的每個人都被迫地與他人發生聯繫，受到他人的影響。薩特的一部戲劇叫做《密室》的戲劇深刻地揭示了人與人之間聯繫的有害性。戲劇中只有三個演員，三個演員中任何兩個都可以互相依靠，但由於三個演員始終都在臺上，任何兩個人都不可能互相依靠。薩特藉著這部戲劇喊出了他最為著名也是引起爭議最多的話：「他人即地獄。」

按照存在主義的觀點，他人不一定需要說話就足以影響我們，只要他們存在，我們就會一步步地墮入自己的地獄。想要升上幸福的天堂，我們就要排除他人的影響，關注於自己，無視他人就可以幫助我們走向屬於自己的幸福。同樣，在生活中，那些願意取悅別人的人既不會得到內心的安穩也不會得到精神的幸福的。

一個農夫和他的兒子，趕著一頭驢到鄰村的市場去賣。沒走多遠就看見一群姑娘在路邊談笑。一個姑娘大聲說：「嘿，快瞧，你們見過這種傻瓜嗎？有驢子不騎，寧願自己走路。」農夫聽到這話，立刻讓兒子騎上驢，自己高興地在後面跟著走。

不久，他們遇見一群老人正在激烈地爭執：「喏，你們看見了嗎？如今的老人真是可憐。你們看那個懶惰的孩子自己騎著驢，卻讓年老的父親在地上走。」農夫聽見這話，連忙叫兒子下來，自己騎上去。

沒過多久又遇上一群婦女和孩子，幾個婦女七嘴八舌地喊著：「嘿，你這個狠心的老傢伙！怎麼能自己騎著驢，讓可憐的孩子跟著走呢？」農夫立刻叫兒子上來，和他一同騎在驢的背上。

快到市場時，一個城裡人大叫道：「喲，瞧這驢多慘啊，竟然馱著兩個人，牠是你們自己的驢嗎？」另一個人插嘴說：「哦，誰能想到你們這麼騎驢，依我看，不如你們兩個馱著牠走吧！」農夫和兒子急忙跳下來，他們用繩子捆上驢的腿，找了一根棍子把驢抬了起來。

他們賣力地想把驢抬過鬧市入口的小橋時，又引起了橋頭上一群人的哄笑。驢子受了驚嚇，掙脫了捆綁撒腿就跑，一不小心竟失足落入河中。農夫只好既惱怒又羞愧地空手而歸了。

人們不應該讓他人支配自己的行為，而是要遵從自己的想法。很多看到這則故事的人都會說：「看，這個農夫多麼愚蠢啊！」事實上，農夫的行為卻是我們生活中的常態。很多人都放棄了自己的夢想而背負他人的夢想前行，孩子們聽從父母的命令完成父母未竟的夢想，人們聽從成功學大師的謊話把成功變成自己的夢想。我們很多時候比愚蠢的農夫還要愚蠢，畢竟農夫的幸福建立在他人的評價上，而他所做的一切都在取悅於他人。他雖然是愚蠢的，卻可能是幸福的。而很大一部分將幸福建立在自己身上的人們卻連取悅自己的夢想都不願意。

他人或許不是地獄，他人的夢想卻不會是幸福的天堂。當我們背負他人的夢想前行時，我們無法去享受一步步靠近夢想的快樂，也無法品味真正成就夢想的幸福，甚至我們很難從回憶中尋求安慰。這種情形就如同一個吃飽的人幫助一個饑餓的人再吃一頓飯一樣，或許饑餓的人會因為觀看而緩解饑餓的身體，吃飽的人卻不會因為再吃一頓飯而快樂，反而會更加痛苦。更可怕的是我們不是靠近了自己，而是遠離了自己。我們離自己的內心會越來越遠，離自己的需要會越來越遠，離自己的幸福也會越來越遠。

人類是唯有在實現自己夢想的過程中才能感受到高峰體驗的，也唯有在追求自己夢想的過程中才能收穫自己的幸福。跟隨別人的夢想出航，我們不會在過程中感受到刺激和激動，最終也無法發現自己想要的風景。想要追求高峰體驗，我們就需要找到自己的夢想。無論我們的夢想是偉大還是渺小，我們找到了屬於自己的夢想也就找到了通向自我實現的道路。在這條路上的一切風景都是屬於我們自己的，我們可以在不斷前行中尋找到屬於自己的高峰體驗。

超越循環人生的怪圈

在消極主義者的眼中，人生總是不幸的。人們的慾望得到滿足以後就會產生新的慾望，人們也總會處於慾望沒有得到滿足的痛苦和慾望得到滿足之後的無聊之中。馬斯洛卻不同意這樣的觀點。他相信只要透過奮鬥人們就能夠擁有人生的高峰體驗。他將這種感覺描述為「這種體驗可能暫態產生的、壓倒一切的敬畏情緒，也可能是轉瞬即逝卻極度強烈的幸福感，甚至是欣喜若狂、如癡如醉、歡樂至極的感覺。」

人生的高峰體驗是需要我們不斷的奮鬥才能得以實現的。當我們選定了奮鬥的方向，不斷走在自我實現的路上，就最終會走出慾望帶來的痛苦與無聊的荒漠，走向屬於幸福的國度。

比塞爾是西撒哈拉沙漠中的一顆明珠，每年有數以萬計的旅遊者來到這

裡。可是在肯・萊文發現它之前，這裡還是一個封閉而落後的地方。這裡沒有一個人走出過大漠，據說不是他們不願離開這塊貧瘠的土地，而是嘗試過很多次都沒有走出去。

肯・萊文當然不相信這種說法。他用手語向這裡的人詢問原因，結果每個人的回答都一樣：從這裡無論往哪個方向走，最後都還是轉回出發的地方。

比塞爾人為什麼走不出來呢？肯・萊文非常納悶，最後他只得雇一個比塞爾人，讓他帶路，看看到底是為什麼。他們帶了半個月的水，牽了兩峰駱駝，肯・萊文收起指南針等現代設備，只拄一根木棍跟在後面。

十天過去了，他們走了大約八百英里的路程，第十一天的早晨，他們果然又回到了比塞爾。這一次肯・萊文終於明白了，比塞爾人之所以走不出大漠，是因為他們根本就不認識北斗星。

在一望無際的沙漠裡，一個人如果只憑著感覺往前走，他會走出許多大小不一的圓圈，最後的足跡十有八九是一把卷尺的形狀。比塞爾村處在浩瀚的沙漠中間，方圓上千公里沒有任何固定的指標，若不認識北斗星，又沒有指南針，想走出沙漠，確實是不可能的。

肯．萊文在離開比塞爾時，帶了一位叫阿古特爾的青年，就是上次和他合作的人。他告訴這位年輕人，只要你白天休息，夜晚朝著北面那顆星走，就能走出沙漠。阿古特爾照著去做，三天之後果然來到了大漠的邊緣。阿古特爾因此成為比塞爾的開拓者，他的銅像被豎在小城的中央。銅像的底座上刻著一行字：新生活是從選定方向開始的。

比塞爾人沒有走出沙漠並不是因為沒有能力和毅力，而是他們不知道方向的重要性。在人生的道路上，不加選擇的前行，我們同樣無法擺脫痛苦的桎梏，走向幸福。為自己的人生尋找引路的北斗星，我們的奮鬥才有價值和意義，也才能夠達到最高的人生體驗。

沒有目標的時候，努力就像是一個陀螺在原地打轉，即使我們再用力地抽打，它只會在原地轉得更加快，而不會向我們想要的方向前進。叔本華認為所謂的幸福只是海市蜃樓，是人們為了繼續生存下去而創造的產物。就是因為他的思想一直植根於慾望之上。人類沒有辦法擺脫所有的慾望，始終都會受到慾望的驅使，但是，人類卻依舊可以在被慾望驅使的過程中求得幸福，只要人類在尋求慾望滿足的過程中不斷向一個目標進發。

高峰體驗需要人們不懈努力和奮鬥，同時也需要人們的奮鬥擁有一個明確的方向。很多人無法感受到幸福的存在是因為他們就像比塞爾人一樣永遠在沙漠裡繞著圈子，再努力的奮鬥只能更快地讓自己回到原點。我們需要擺脫人生的循環，在毫無目的的奮鬥中建立秩序，確立一個基本的方向，這樣才能保證我們的每一步都更接近幸福。

生命卑微
不卑賤

第八課　理性覺醒

一個圓環被切掉了一塊，圓環想使自己重新完整起來，於是就到處去尋找失去的那一塊。可是由於它不完整，因此滾得很慢。它欣賞路邊的花兒，它與蟲兒聊天，它享受陽光。

終於有一天，圓環找到了非常適合的小塊，它高興極了。這次它滾得很快，以致無暇注意花兒或和蟲兒聊天。當發現飛快地滾動使得它的世界再也不像以前那樣時，它停住了，它把那一小塊又放回到路邊，緩慢地向前滾去。

痛苦的新鮮期叫做快樂

生活中，人們總是會選擇逃避痛苦，追逐快樂，這是一種趨利避害的本能，也是一條讓我們的人生之路通向幸福的有效途徑。然而，在很多時候，我們所不得不經歷的痛苦最初卻是由快樂構成的。

在英國哲學家羅素的眼中，「興奮」能夠給人帶來快樂，而「厭煩」則會給人帶來痛苦。人們追求一件事情是因為這件事情能夠讓我們感到「興奮」，也就是快樂。否則，沒有人會主動去做這件事情。

而當我們做這件事情經過一段時間以後，原有的「興奮」就會消失，反而轉化成「厭煩」，也就會帶來痛苦。這時，理智的人們就會選擇逃離原有的事情，去追求新的「興奮」。但是，總是會有一部分人因為某種原因而沉浸其中，渴望繼續獲得原有的快樂，卻不得不遭受現在所處的痛苦之中。這就像是一個人

在饑餓的時候吃了一片披薩覺得很舒服、很滿足，而隨著他吃的披薩越多，這種滿足感就會越來越少。等到吃飽了以後，這片披薩帶給這個人的就是痛苦而不再是快樂了。

很少有人不是因為一件事情讓自己痛苦而是因為這件事情讓我們快樂才主動去做。（我們需要區分同樣的事情對於一些人來說是痛苦，對於另外一些人來說可能是幸福）因此，我們在經歷痛苦的時候承認自己曾經經歷的快樂。只有這樣，我們才能去真正考慮自己的處境，考慮繼續這件事情是否能夠繼續給自己帶來「興奮」，還是只會讓自己感到「厭煩」。

如果無法這樣進行理性分析，我們就很難跳出「厭煩」，而依舊在思維的惡性循環中慢慢沉淪。這就好比一對夫妻因為經常吵架感到痛苦，紛紛指責對方，悔恨當初的決定。事實上，當初的決定是出於讓自己「興奮」的目的做出的，要把過去的「興奮」和現在的「厭煩」作為一個整體來考慮，這樣才能分析出自己真正的目的。

羅素曾經寫道：「厭煩作為人類行為原因之一所起的作用，據我看來，遠未受到應有的足夠重視。我相信，它是在整個歷史長河中起推進作用的一個巨大動力，今天更是如此。」對過去事情的「厭煩」推動我們追求新的「興奮」，新的「興奮」導致新的「厭煩」。如此，人生就會處在一個從「興奮」到「厭煩」的惡性循環中無法自拔，也因此無法獲得持久的幸福。

承認痛苦的新鮮期是快樂的意義正在於此：快樂只是快樂、痛苦只是痛苦這種觀念是錯誤的。在我們尋找快樂的過程中，眼前某種快樂通向的可能正是痛苦。渴望幸福的我們應該分清眼前的快樂是真正的快樂，還是只是痛苦的新鮮期。就像一個人在剛剛吸食毒品的時候感到快樂，隨著吸食毒品的次數增多，毒品帶來的快樂就會減弱，痛苦就會增多。所以，當我們只是單純渴望快樂的時候，像毒品這類能夠給我們短時間快樂的物品或許是一種選擇。但如果我們是渴望幸福的時候，毒品這類物品就從來都不是好的選擇。因為幸福追求的是通向快樂的路，而不是眼前快樂最終卻通向痛苦的路。這同樣也印證了幸福主義哲學家伊壁鳩魯所提出的「幸福就是身體無痛苦，靈魂無紛擾」。

成熟的心智能夠懂得短暫的快樂與長期的幸福之間的區別：快樂是眼前的「興奮」，而不去在乎是否這條路將來會通向「厭煩」；幸福則是超越了「興奮」與「厭煩」界限的快樂，不會直接帶來痛苦的快樂。在追求幸福的道路上，我們需要儘量減少自己的痛苦，也就要識破痛苦初期的假面具「快樂」。

糾正錯誤的代價超過錯誤本身

人的一生中總是會遇到無數的選擇，不同的選擇背後象徵著不同的結果。任何人都沒有預測未來的能力，自然也就不會有人在選擇之前知道自己是否正確。每個人都有可能做出錯誤的選擇，我們所能夠做到的只能是放棄自己錯誤的選擇。繼續堅持錯誤的選擇只會讓我們在錯誤的泥潭越陷越深，離幸福的距離越來越遠。

羅素曾經說過：「在尋求幸福的過程中，放棄所起到的作用並不比努力遜色。聰明的人不會對能夠避免的不幸視而不見，但他不願意在不可避免的災難上花費過多的精力和時間。因為儘管這些災難本身是可以戰勝的，但只要它們會妨礙他追求更加重要的目標，那麼他寧願選擇放棄。」或許我們可以堅持錯誤的選擇走出一片天地，但是這種選擇卻會阻礙其他目標的實現。從總體幸福的角度考慮，我們需要立刻放棄錯誤的選擇，而回歸到通往幸福的大道上來。

法國偉大的思想家盧梭寫過著名的《懺悔錄》，他要做的是「把一個人真實的面目赤裸裸地揭露在世人面前，這個人就是我」。因此，在《懺悔錄》中，他面對自己的隱私，痛責自己的過錯。

他寫道，自己少時當僕人，偷過主人家一條用舊的絲帶。主人發現後，他在眾目睽睽之下，將此事嫁禍於誠實的女僕瑪麗，破壞了她純潔、善良的好名聲。

後來，他的心情非常痛苦，把這件事牢牢記在心上，時刻提醒自己不要再做導致犯罪的事。因此，以後「四十年來在極端困難的情況下，始終保持了誠實與正直」。

盧梭偷竊主人家的絲帶無疑是一個錯誤的選擇，而當時他最好的辦法就是讓自己遠離這個選擇，坦誠自己的錯誤。但他卻選擇了嫁禍於人。僅僅從表面上看，盧梭成功地解決了這個問題，他讓自己從主人的懷疑中逃脫出來，唯一受到盧梭錯誤選擇影響的是那個誠實的女僕。

而實際上盧梭卻從來沒有逃脫錯誤選擇的懲罰，內心時刻受到譴責，這種痛苦要遠比他當初承認錯誤強烈得多。

盧梭的情況在很多人身上都曾經歷過，當做出錯誤選擇以後，他們就不斷用新的錯誤來彌補舊的錯誤。即使最終成功地解決了這個問題，他們卻浪費了大量的時間對於他們自己人生更有意義的事情。

人生是漫長的也是短暫的，漫長意味著人生不能只追求一種幸福，短暫意味著我們應該不去浪費自己的時間，而將全部精力放在追求幸福上面。

錯誤的選擇是一種錯誤的投資，它會消耗我們已有的幸福，還可能影響我們未來的幸福。我們需要盡可能快地從錯誤的選擇中跳出來。

不斷試圖改正錯誤，會讓自己在錯誤中越陷越深，或者讓自己付出比錯誤本身更大的代價，這是一種非常不理性的行為。理性的人會正確地估計錯誤對於自己的影響，並且及時地撤出。

理性能夠使我們在不利的情況下做出最好的選擇，努力增加自己所能夠獲得的幸福。不理性的結果往往導致越來越壞的結果，不但會減少我們本來能夠獲得的幸福，還會降低我們已經獲得的幸福。

人在更多的時候需要理性地處理事物，來確保自己能夠在不斷變化的人生中獲取幸福，尤其是在我們犯下錯誤的時候。

現實與夢想：幸福的抉擇

美國學者詹姆斯・奧本漢曾經說過，「笨人尋找遠處的幸福，聰明人在腳下播種幸福。」我們既可以去追求現在的幸福也可以去追求未來的幸福，而兩者的區別在於現在的幸福植根於現實，而遠處的幸福植根於夢想。

現實與夢想在人生中交織在一起，很多人或者放棄了現在去追求夢想的幸福，或者放棄了未來去追求現實的幸福。人們很難做到同時兼顧現實與夢想，現在與未來。因為，正如我們被教育的那樣，想要獲得一些東西，我們就需要付出一些東西。我們不得不為現實中的幸福或者夢想中的幸福而放棄其他。

這種對立的看法是對幸福的一種狹隘的理解，幸福並不僅僅是指獲得。很多時候，為了獲得的付出同樣會讓我們感到幸福。就如同當你為了完成某項工作而加班的工作，當工作順利完成時，你會感受到幸福。那麼，當你回憶過去，曾

經的努力是否同樣會讓你感受到幸福呢？現在的幸福與未來的幸福很難兼顧，是因為我們緊緊把結果當做幸福，而忘記了過程，或者我們緊緊將享受當作了幸福，而忘記了回憶。如果我們追求現在的幸福，那麼，現實中的一切會讓我們感到幸福，而未來當我們回憶時，我們依舊會感到過去的幸福；如果我們追求未來的幸福，夢想中的一切會讓我們感到幸福，而對於夢想所付出的努力同樣會讓我們感到幸福。

幸福不是狹隘的，也不是對立的。幸福可能在於過程，可能在於結果。重要的是我們是在實現自己認為是有意義的生命。

一九九八年，六歲的瑞恩第一次聽說在非洲有很多孩子因為喝不到乾淨的水而死去，於是，為非洲的孩子捐獻一口井成了他的夢想。

那天回到家裡，他向媽媽要七十加元時，媽媽告訴他：「你可以透過自己的勞動湊齊這一筆錢，比如打掃房間、清理垃圾，我會給你報酬。」瑞恩遲疑了一下，最終答應了。於是，他開始透過自己的勞動掙錢。

瑞恩得到的第一個任務是吸地毯，打掃了兩個多小時後他得到了兩塊錢的報酬。幾天之後，當全家人去看電影時，瑞恩一個人留在家裡擦了兩個小時窗子，賺到第二個兩塊錢。全家人都以為瑞恩只不過是心血來潮，但他卻堅持了下來。

四個月後，當瑞恩把辛苦積攢的錢交給相關單位時卻得知，七十元只夠買一個水泵，挖一口井實際上需要二千加元，但他並沒有放棄，反而更加賣力了，因為他只有一個想法，就是要盡自己的能力讓更多非洲的小朋友喝到水。

漸漸的，大家都知道了瑞恩的這個夢想。於是爺爺雇他去撿松果；暴風雪過後，鄰居們請他去幫忙撿落下的樹枝；瑞恩考試得了好成績，爸爸給了他獎勵；瑞恩從那時起不再買玩具……所有的這些錢，都被瑞恩放進了那個存錢的舊餅乾盒裡。

後來，他的故事被媒體報導了，他的名字傳遍了整個國家。一個月後，在他家的郵筒裡出現了一封陌生的來信，裡面有一張三十萬元的支票，還有一張紙條：「但願我可以為你和非洲的孩子們做更多事。」

如果你以為這是故事的結尾，那就錯了，因為這只是事情的開始。接下來，在不到兩個月的時間裡，又有上千萬元的匯款支持瑞恩的夢想。

六歲的瑞恩也許並不理解幸福這個詞彙的意義，但他的行為卻十足體現了一個追求幸福的人該有的特點。不去憂慮夢想是否會實現，讓自己的現在更加幸福；在現實中不斷努力向夢想進發，讓自己獲得夢想實現那一刻的幸福。這也同樣可以成為我們對於幸福的最好理解：從生活的各個角度獲取幸福，而不是排斥幸福。

夢想賦予現在更多的意義，現實給予了未來更多的可能。處於現實與夢想織成的網中，我們不能只追尋其一而否定其餘。生命中的幸福不是我們如此努力地追求幸福，也不是我們獲得了非常之多的幸福，而是當我們停在原地時，看看腳下，望望前方，我們都能夠感受到幸福。

做好接受任何遭遇的準備

曾經有人問第歐根尼從哲學中學到了什麼，他回答說：「我至少學會了要做好準備去迎接各種命運。」哲學是引人思考的學問，很多哲學家卻同樣認為哲學真正的目的是改變人的思想，能夠理性地看待世界，能夠接受生活中的任何遭遇。

「如果斷了一條腿，你就該感謝上帝不曾折斷你兩條腿；如果斷了兩條腿，你該感謝上帝不曾折斷你的脖子；如果斷了脖子，那也就沒什麼好擔憂的了。」人生中無論遭遇什麼樣的事情，我們都應該以這樣的心態對待。這並不是因為這個世界永遠比我們更加痛苦，而是因為我們所遭遇的一切都是非常公平而且合理的。

設想一下，人生如果是一場紙牌遊戲，你會因為手裡的牌不好而去怨恨紙牌和發牌者嗎？遊戲中的你難道不是全神貫注地考慮自己如何依靠這把不好的牌打出精彩的遊戲嗎？雖然人生涉及自身更多的利益和感情，但是我們依舊應該像對待遊戲中的爛牌一樣對待自己的人生。

艾森豪是美國歷史上一位受人尊敬的總統。在他年少的時候，有一次和家裡人一起玩紙牌遊戲。幾局下來，他拿到的牌都不好，於是他就很不高興。他的母親看到這種情形，就認真地告訴他，不管你手中的牌如何，都只能用現在手裡的牌繼續玩下去。之後，母親又語重心長的告訴他人生的哲理，人生如同玩牌一樣，不管有什麼樣的人生際遇都要接受現狀，然後再竭盡全力爭取最好的結果。母親的一些話對他產生了很大的觸動。此後，艾森豪從沒有對生活抱怨過，腳踏實地的做好當下的事情。

艾森豪在二戰中的卓越功勳值得每一個人銘記，他母親的話同樣值得我們記在心中。我們不應該因為得到一把爛牌就很不高興，而是要接受現狀並且去尋求最好的結果。平常心就是指無論我們遭遇怎樣的現實都要擁有淡定的態度，不管這件事情與自己有多麼密切的關係都能夠用最理智的方法解決問題。

平常心植根於我們對於社會的理性認識。儘管這個社會有這樣或者那樣不盡如人意的地方，但在總體上社會依舊是公平的。整個社會在努力消除由出身、天賦等帶來的不平等，促進所有人能夠獲得機會的平等。更重要的是我們要瞭解到如果處於我們身體內的靈魂不是自己的話，他依舊會遭遇到同樣的事情。我們所遇到的苦難並不是上帝刻意考驗我們的靈魂的，上帝不是刻意為難我們的。我們所遭遇的一切只不過是在複雜的因果關係之中產生的結果而已。

我們同樣可以透過自身與更慘情況的比較來擁有平常心，就像是西方諺語所說的那樣。但是，任何人都不應該從與別人的比較中獲取平常心。我們遭遇災難的時候獲知他人遭遇災難，並且透過告知自己有人比自己更慘來獲取平常心是一種不尊重他人同時也是一種極其不道德的行為。他人的生命是值得敬畏的，他人生命中所遭遇到的苦難是值得同情的，而不是應該用來比較的。我們在比較的過程中無異於將自己的快樂建立在他人的痛苦之上，這種對比不應該成為一個心智成熟的人應有的思想。

接受自己的命運是困難的，以平常心看待自己的人生同樣是困難的。這都需要我們能夠很好地理解自己與他人、世界之間的關係，很好地對待自己所遭遇到的一切。心智成熟的過程也是我們逐漸融入整個社會的過程，我們將在融入的過程中感受到他人的溫暖和愛。我們將會在他人的關懷和愛中感受到幸福，也會在理性地對待他人之中感受到幸福。心智不斷成熟的過程同樣也是我們不斷遠離痛苦、接近幸福的過程。心智的成熟能夠讓我們足以理解幸福如何影響我們的人生，我們如何擁有幸福。

生命卑微

不卑賤

第九課　愛的藝術

一個窮人對另一個窮人說：「如果現在我有錢，我最想給你買件禮物留作紀念。」另一個窮人也無限感慨地說：「或是我們有一件隨身物品相互交換也好。」

可他們什麼也沒有。然而就在那個秋意漸濃的午後，他們終於交換了一件禮物，各自心無遺憾的上路了。原來，他們交換了彼此的名字。

愛心是真正的上帝

一些哲學家認為人生是有目的、有意義的，人生的幸福在於不斷完成這些目的。可是，現在的哲學家並沒有明確的證據證明人生真的有目的。

同時，我們還需要關注到社會上經常出現的現象，信仰或者人生目的的喪失往往導致人們的不幸福感。那些沒有目的的人往往無所事事並且感受到異常痛苦。這些迷失的人同樣需要幸福，唯一阻礙他們的就是他們認為唯有完成目的才能獲得幸福的觀點。在追求高峰體驗或者心智逐漸成熟的過程中，我們同樣能夠感受到幸福。但是，這些同樣能夠歸結為人生的目的。

在尋找其他能夠增進人們幸福感的過程中，我們發現了愛的重要作用。我們在對他人的熱愛中感受到幸福。愛與創造抑或享受、追求高峰體驗、心智逐漸成熟的區別在於我們透過理性來獲得愛。也就是說愛並不能稱之為一個理性的目

的，但我們卻可以在愛他人中感受到幸福。

一個小男孩捏著一美元，沿街一家一家商店地詢問：「請問您這兒有賣上帝嗎？」店主要麼說沒有，要麼嫌他在搗亂，不由分說就把他攆出了店門。男孩不斷地尋找，終於第三十五家商店的老闆熱情地接待了男孩。老闆是個六十多歲的老闆，滿頭銀髮，慈眉善目。他笑眯眯地問男孩：「告訴我，孩子，你買上帝做什麼？」

男孩流著淚告訴老闆，他叫傑克，父母很早就去世了，是被哥哥威爾金斯撫養大的。哥哥現在生了一種他也不知道叫做什麼名字的重病。醫生說，只有上帝才能救他。傑克想，上帝一定是種非常奇妙的東西，我把上帝買回來，讓哥哥吃了，傷就會好。

老闆雙眼泛滿了淚水，問：「你有多少錢？」

「一美元。」

「孩子，眼下上帝的價格正好是一美元。」老闆接過硬幣，從貨架上拿了瓶「上帝之吻」牌的飲料，「拿去吧，孩子，你哥哥喝了這瓶『上帝』，就沒事了。」

傑克喜出望外，將飲料抱在懷裡，與沖沖地回到了醫院。一進病房，他就開心地叫嚷道：「哥哥，我把上帝買回來了，你很快就會好起來！」

幾天後，一個由世界頂尖醫學專家組成的醫療小組來到醫院，對威爾金斯進行會診。他們採用世界最先進的醫療技術，終於治好了威爾金斯的傷。

威爾金斯出院時，看到醫療費帳單那個天文數字，差點嚇昏過去。可院方告訴他，有個老闆幫他把錢全付了。老闆是個億萬富翁，從一家跨國公司董事長的位置退下來後，隱居在本市，開了家雜貨店打發時光。那個醫療小組就是老闆花重金聘來的。

人類的愛心，是真正的上帝。我們可以在愛他人中感受到幸福，因為幸福並不是愛的報酬，而正是愛本身。老人無法決定自己是否去愛威爾金斯，他所做的事情只能夠稱之為巧合，但是正是這樣的巧合能夠讓人們感受到幸福。

即使人的一生真是一場沒有任何意義的旅途，我們依然可以透過幫助其他人來讓我們自身感到幸福。即使自己所擁有的信仰已經倒塌，我們依然能夠發現自己的愛心就是真正的上帝。在愛他人的過程中，我們得到的幸福與透過其他途徑所感受到的幸福不同。源自於愛的幸福更接近我們自己的心靈。

羅素曾經說過：「僅僅接受別人的愛是不夠的，還應該把這接受到的愛釋放出去，給予別人以愛。只有當這二者平等時，愛才能發揮它最佳的作用。能成為被愛的對象，固然是幸福的一大源泉，然而索取愛的人並不是就真的能夠得到愛。廣義說來，得到愛的人正是給予愛的人。」不斷贈予他人愛的同時，我們也在收穫源自於他人的愛。愛讓我們感受到人們之間的友好關係，他人的善意和溫情，讓我們感受到不斷傳遞的幸福。

理性的愛才不會灼傷自己

無論是廣義的愛，還是狹義的愛，都能夠讓我們感受到幸福。廣義的愛，也就是愛大眾，能夠讓我們在收穫源自別人的愛中感受幸福，狹義的愛，也就是男女之間的愛情，則可以在對方的幸福中感受到自己的幸福。然而，廣義的愛不會刺痛其他人，狹義的愛卻容易灼傷自己。

我曾經愛過你：愛情，也許／在我的心靈裡還沒有完全消亡／但願它不會再打擾你／我也不想再使你難過悲傷／我曾經默默無語、毫無指望地愛過你／我既忍受著羞怯，又忍受著嫉妒的折磨／我曾經那樣真誠、那樣溫柔地愛過你／但願上帝保佑你／另一個人也會像我愛你一樣

這首充滿了真摯情感的詩的作者是被稱為「俄羅斯文學之父」的普希金。

在詩中，普希金能夠很理性地看待自己的愛情，而在現實生活中，不理性的愛情

卻將普希金灼傷。

這位大詩人與「莫斯科第一美人」岡察羅娃一見鍾情。美人愛詩人的名氣和盧布，詩人愛「第一美人」的漂亮和風韻。

婚後，詩人要專心創作，而那豔麗風流的妻子卻整天沉醉於上流社會的交際和宮廷舞會，對詩人的創作毫無興趣。有時，普希金寫出一首好詩，很希望妻子和他一起共享這創作樂趣，然而她卻捂住耳朵，大聲喊叫：「我不願聽！我不願聽！」有時詩人不得不放下筆，陪著妻子參加社交活動。這一切使詩人深深地感到痛苦。上流社會活動對時間的消磨，使詩人無法集中精力從事創作，於是天才詩人的才華被這種「愛情」逐漸窒息。最後，連他的生命也毀於因岡察羅娃的情人引起的野蠻決鬥之下，「詩歌的太陽」就這樣隕落了。

不理性的愛情讓普希金感到痛苦，讓他的才華枯竭，並且最終帶走了他的生命。愛情不是由完全的理性產生的，任何人都不能用理性去強迫自己愛上一個人或者不愛一個人。然而，我們對待愛情的態度卻需要理性。任何的頭腦不清、不理智的嫉妒、有口無心的言語都可能讓自己與對方受到深深的傷害。

理性的愛是在肉體追求和靈魂追求中尋求一致，既順從感性的衝動，又不完全屈服於感情的衝動。既聽從理性的思考，又不完全執著於理性的思考。在感性和理性中尋求平衡才是真正的理性的愛，也才不會讓愛情之火灼傷自己。如果我們完全執著於理性的思考，愛情之火同樣會將我們的內心灼傷。

有一位知名的哲學家，天生就有股特殊的文人氣質。某天，一個女子來敲他的門，她說：「讓我做你的妻子吧，錯過我，你將再也找不到比我更愛你的女人了。」

哲學家雖然也很中意她，但仍回答說：「讓我考慮考慮！」

事後，哲學家用他一貫研究學問的精神，將結婚和不結婚的好、壞分別列出來，才發現好壞均等，真不知該如何抉擇。於是，他陷入長期的苦惱之中，無論他又找出了什麼新的理由，都只是徒增選擇的困難。最後，他得出一個結論：人若在面臨抉擇而無法取捨的時候，應該選擇自己尚未經歷過的那一個。不結婚的處境我是清楚的，但結婚會是個怎樣的情況我還不知道。對！我該答應那個女人的要求。哲學家來到女人的家中，問她的父親：「你的女兒呢？請你告訴她我考慮清楚了，我決定娶她為妻。」

女人的父親冷漠地回答：「你來晚了十年，我女兒現在已經是三個孩子的媽媽了。」

哲學家聽了整個人幾乎崩潰，他萬萬沒有想到向來讓他引以為傲的哲學頭腦最後換來的竟然是一場悔恨。之後兩年，哲學家抑鬱成疾。

哲學家的痛苦思索只能換回無盡的悔恨，因為他忽略了真正的愛情應該包括感性的衝動。而他妄圖利用理性思考去計算感性的愛本身不能稱之為理性。理性的愛的困難之處也就在於愛是肉體追求與靈魂追求的一致。完全地順從感性地衝動會導致壞的後果，完全順從理性地思考同樣也會導致壞的後果。

愛情是短暫人生中所作的最絢麗、最珍貴、最神祕的精神漫遊；愛情是皇冠上的珍珠，格外神聖和珍貴。可是，當愛情出現在我們的人生當中時，其所帶來的不僅僅是美好，還有傷害。真正的愛是理性的，即使會給我們帶來痛苦的經歷，這段經歷也會變成一段美好的回憶。理性的愛最終帶給我們的是幸福和甜蜜，而不是傷害和後悔。

幸福是用來分享的

有人會認為幸福就是當自己渴的時候，別人喝著一瓶冰涼的可樂。而如果這時你一直盯著那個喝可樂的人看，他所獲得的幸福感一定會大大降低。實際上，我們獲得的幸福並不是行為本身決定的，他人的存在也會影響到我們獲得幸福的多少。

一位猶太教的長老酷愛打高爾夫球。在一個安息日，他覺得手癢，很想去揮杆，但猶太教規定，信徒在安息日必須休息，什麼事都不能做。這位長老實在忍不住，決定偷偷去高爾夫球場，想著打九個洞就好了。

由於安息日猶太教徒都不會出門，球場上一個人也沒有，因此長老覺得不會有人知道他違反規定。然而，當長老在打第二洞時，竟然被天使發現了。天使生氣地到上帝面前告狀，說某某長老不守教義，居然在安息日出門打高爾夫球。

上帝聽了，就跟天使說，我會好好懲罰這個長老。第三個洞開始，長老打出超完美的成績，幾乎都是一杆進洞。長老興奮莫名。到打第七個洞時，天使又跑去找上帝：上帝呀，你不是要懲罰長老嗎？為何還不見有懲罰？上帝說：我已經在懲罰他了。直到打完第九個洞，長老都是一杆進洞。

因為打得太神乎其神了，於是長老決定再打九個洞。天使又去找上帝了：到底懲罰在哪裡？上帝只是笑而不答。打完十八個洞，成績比任何一位世界級的高爾夫球手都優秀，把長老樂壞了。天使很生氣地問上帝：這就是你對長老的懲罰嗎？上帝說：正是。你想想，他有這麼驚人的成績和快樂，卻不能跟任何人說，這不是最好的懲罰嗎？

有了一件非常得意的事情卻無法向其他人傾訴，我們的幸福感就會因此降低；而有了一件非常痛苦的事情可以向其他人傾訴，我們的痛苦感同樣會因此降低。分享，對於每個人來說，不僅僅意味著給予和付出，也意味著幸福的收穫與提升。

更重要的是，分享可以克服人們天生存在的孤獨感。孤獨感往往是人們最常有的感受，我們有無話不談、心靈相通的朋友，有噓寒問暖、骨肉相連的親人，有給我們無微不至關懷的愛人，可是我們的內心深處依然常常體會到強烈的孤離感。我們感到自己不僅是孤獨的，更是與這個世界分離的。這種孤獨感會讓我們恐懼，讓我們不幸福。

分享很好地修補了孤獨感所帶來的痛苦。每個人的確都像是丹麥思想家克爾凱郭爾說的那樣「是孤獨存在的個體」。人們無法與他人共用身體、靈魂，甚至很少能夠全面地瞭解對方表達的意思。可是，分享讓人與人之間建立了一座不夠穩定卻足以交流的橋樑。這道橋樑的意義並不在於與他人完全地融合為一體，而是向自己展現他人的存在，與自己相似的人的存在。分享向每一個人傳遞這樣的訊息，「你的確是孤獨存在的個體，可是你並不是唯一這樣存在的個體」。

分享能夠增進行為本身的快樂，也能夠修補孤獨感所帶來的痛苦。所以，羅素在他的作品中寫道：「現代人根據自己的興趣喜好，而不僅僅根據地理位置來選擇朋友。幸福，隨著與志趣、見解方面相同的人的交往，增進了許多。有理由相信，透過此方式，現在尚困擾著許多人的孤獨，必將逐漸減少，直至消失。這必將會增進人們的幸福。」

人的快樂和痛苦如果能夠透過分享為他人所知，不僅可以增進自己的快樂、得到他人的慰藉，還有可能找到志同道合的朋友。這樣的朋友必將成為你人生的後盾，在你高興時與你分享快樂，在你悲傷時與你分享痛苦。在你得意時衷心地祝福你，在你失意時伸出援手。

離開這個世界的時候，我們並不能帶走什麼事物，也無法留下什麼事物。能夠標記我們曾經存在的並不是我們的工作、我們的財富，而是他人對於我們的回憶。人生只是一個旅程，我們並不應該過多地在乎自己的行李，它們會在人生的道路上不斷改變。我們應該珍視與他人的分享，這些分享讓我們能夠在這場旅程中感受到超越旅程本身的幸福。

讓愛成為第一要事

羅素曾經說過：「愛完全得不到大多數嚴肅的社會學家的重視，從未被視為經濟或政治改革計畫中迫切需要的事情，我認為這種態度是錯誤的，我把愛看成是人生中最重要的事情之一。」他認為，愛，「並不是指兩性間的一切關係，而僅僅是指那種包含著充分的情感的關係和那種既是心理又是生理的關係」，「可以強烈到任何程度」。愛是人生中第一重要的事情。

愛可以轉變我們對於整個世界的看法，將痛苦轉化成快樂。愛能夠淨化我們的心靈，為我們保留一片潔淨的空間。人們可以在愛的世界裡療癒自己的痛苦，尋找自己的快樂，承擔人生的重擔。

有一個住在非洲的聖人，他最希望拜訪的聖廟都是很難到達的地方，很多人都有去無回。那裡的道路非常狹窄，並且終年積雪，空氣非常稀薄，以至於呼

吸都很困難。而且道路的旁邊是深不可測的山谷，如果稍有不慎，就會粉身碎骨。

儘管面臨如此大的危險，那個聖人還是出發了。為了更方便地前行，他只帶了很少的行李。在朝聖的路上有一個女孩，她看起來很小，最多也就是十歲，她走每一步都很艱辛，不僅是因為這險惡的環境，還因為她背著一個很胖的小孩，她一直在流汗，而且喘氣喘得很厲害，當那個聖人經過她的身邊，他說：「親愛的女孩，你一定很累吧，你背上的孩子那麼重。」

那個女孩聽了，很生氣地說：「你所背負的是一個重量，但是在我肩上並不是一個重量，他是我弟弟。」

對於小女孩的話，那位聖人感到很震驚。小女孩是對的，這之間有一個差別，如果是在秤上當然沒有差別，不管你背的是弟弟還是一個背包，秤上都會顯示出實際的重量。但是心不是秤，就心而言，那個女孩肩上背的是她深愛的弟弟。

在小女孩的內心裡，自己深愛的弟弟並不是自己的負擔，而是自己前進的勇氣。對弟弟的愛讓即使在聖人眼裡都能稱得上是苦行的經歷變成快樂。如果人們能夠同樣以小女孩的眼光去看待世界中發生的事情，人們無疑會變得更加幸福。

愛是情感的昇華，能夠轉變自己看待世界的方法，同時也能夠改變自己與其他人之間的關係。愛能結束仇恨和憤怒。無論是那些曾經傷害過你的人，還是侮辱過你的人，還是那些你不認識的人，你都能夠懷著一顆寬大的心去愛他們。譬如正走在路上被一塊尖銳的石頭劃傷腳時，你不去憎恨那塊石頭，不去憎恨將石頭放在路上的人，也不對自己的不小心感到憤怒。愛也能結束嫉妒。嫉妒讓人們把他人的快樂變成自己的不快樂，把他人的幸福變成自己的幸福。人們永遠都無法掌控他人的命運，這種將自己的幸福建立在他人的基礎上是非常不理性的。而當我們從愛的角度去看待他人，我們就會為他人的快樂而欣喜，為他人的幸福而感到幸福。愛結束物與我的分別，是觀察和傾聽的動機。你愛一棵樹、一隻鳥、一隻寵物，你去照顧它、餵養它、關愛它，即使它不給你任何回報，你仍然愛它。因為有愛，你不會以一個觀察者的姿態去鑒別和評判，而是真正與它們融為一體，真實地去觀察和傾聽。

只要心中有愛，生活就是美好的，期盼就是美好的，等待就是美好的，他人是美好的，就連痛苦也是美好的。愛可以讓我們的內心和生命都變得更加充實，讓我們對未來充滿希望。被愛情包圍的人，人生便被塗上了一層絢爛的色彩。

愛在我們追求幸福的旅途上應該排在第一位。愛的存在可以改變我們對於整個旅途的想法，也可以改變我們對於他人的想法。愛能夠讓我們放下對人生消極悲觀的想法，消除自己的負面情緒，以理智、樂觀的角度去看待整個世界。愛是人性中最為光輝的一面，擁有了愛，我們就擁有了通往幸福的可能。

第十課　幸福在靈魂中

「不錯的早晨。」第歐根尼開心的對著空氣說著，爬出了他的屋子——木桶，靠著水池躺了下來。太陽暖洋洋的照在他身上，第歐根尼舒服的眯起了眼睛。可是很快陽光就被一片陰影擋住了。

「第歐根尼先生，我能為你做些什麼嗎？」亞歷山大俯下身子，微笑著詢問。

這個衣衫襤褸，骯髒邋遢的人懶洋洋的說：「請往旁邊站一點，你擋住了我的陽光。」

失敗與快樂同在

今天生存的壓力已經壓得人喘不過氣來。事實上，七十多年前，羅素就已經看到了生存壓力對於人們追求幸福的影響。他在《幸福之路》中寫道：「如果你隨便問一個美國人，或是一個英國商人，對他生活快樂妨害最大的是什麼，他會這麼回答：『是生存鬥爭。』他這話是由衷之言，他相信的確是這樣。」羅素看到了生存鬥爭的壓力對於人類幸福的影響之後，提出了一個很少有人問過的問題：我們真的需要贏得生存鬥爭嗎？贏得生存鬥爭的我們又會怎樣呢？

羅素分析說，生存鬥爭失敗的人，比如破產的人是不幸的。但實際上這些破產的人卻遠比那些「破不起產」的人生活更富裕。羅素進而指出：「人們平常說的生存鬥爭，實際上是追求成功的鬥爭。他們在鬥爭中感到恐懼的，並不是第二天早晨能不能吃到早餐，而是他們將不能勝過自己的鄰居。」

羅素的這種分析相當深刻地指出了當前人們不幸福的原因。人們並不是因為自己吃不起飯或者沒有安全的居住環境感到不幸，而是因為一種失敗的感覺而感到不幸。在人們的眼中，失敗者是不幸的，但這種不幸只是植根於在人與人之間流行的那種「成王敗寇」的生活哲學。雖然成功的意識能夠使人感受到更多的幸福，但是人們不應過分地把競爭的成果也就是成敗當做幸福的源泉。簡單來說，幸福並不僅僅存在於成功之中，失敗者同樣可以獲得幸福與快樂。

我們先來看一下商界成功者的生活吧！羅素曾經看見過一個成功的中年商人，商人似乎是在妻子和女兒的勸說下度過這個假期。可是，當妻子和女兒興奮地圍著他時，中年商人的臉上只有極度疲倦和厭煩的表情。而當我們將視線轉向失敗者的時候，我們就會發現失敗者會與妻子和女兒同樣興奮，因為他需要藉助這些來排遣失敗的痛苦，也就可以感受到成功者所無法感受到的幸福。

我們還可以回憶一下自己的童年，大多數人可以清楚地記得自己成年以後的每一次失敗，但是，我們卻很少記得某次籃球比賽是如何敗北的，更容易記得當初是多麼的快樂。隨著我們的成長以及外界環境的變化，我們會越來越容易把成敗當成衡量幸福的唯一標準，而這種標準將失敗與快樂阻隔起來。

失敗時的我們可以感受到快樂，甚至可以感受到成功者所不會去關注的快樂。這一切的前提在於捨棄「成敗是衡量幸福的唯一標準」的想法，解放自己受限的思想，感受到工作壓力與事業競爭以外的東西。這樣我們才能感受到失敗時的幸福。羅素堅持認為「成功只能是幸福的一個組成部分，如果不惜以犧牲其他一切來得到它，那麼這個代價太昂貴了」。為了讓極少數人獲得成功的快樂，我們犧牲的是大多數失敗者的快樂以及成功者本能夠獲得的其他快樂，這個代價已經超過了利益本身。

失敗與快樂是可以並存的，只要我們不再只去追求成功，而是環顧自己的周圍，追求一種平靜而安寧的生活。在對生活的更深感受中化解失敗給自己帶來的痛苦。我們必須瞭解到成功與幸福之間的關係是社會強加給每一個人的，而並非出自每個人自身對於幸福的見解。

失敗與快樂同在並不是要我們去追求失敗，而是說我們不要只去追求在生存競爭中取勝，不要讓成功成為生命中的全部。我們都應該瞭解到，失敗同樣給予我們一種看問題的角度，也許不像成功那樣光輝燦爛，卻可以看見一些成功所看不到的地方，這就是我們在失敗時最最真切的快樂。

面對曾經的歲月

古希臘哲學家赫拉克利特有一句名言叫做「人不能兩次踏進同一條河流。」過去的事情是我們無法改變的，但它卻會時刻影響我們現在的心情。一段糟糕的回憶或許會時常從腦海裡泛起，讓我們重新感受到當時的尷尬與痛苦。這樣，我們所能夠獲得的幸福就會減少。

據說，有一位很有名氣的心理學老師，一天給學生上課時拿出一只十分精美的咖啡杯，當學生們正在讚美這只杯子的獨特造型時，教師故意裝出失手的樣子，咖啡杯掉在水泥地上成了碎片，這時學生們不斷發出了惋惜聲。老師說：「可是這種惋惜也無法使咖啡杯再恢復原形。今後在你們的生活中，如果發生了無可挽回的事時，請記住這破碎的咖啡杯。」

破碎的咖啡杯如同打翻的牛奶一樣，無論我們感到怎樣的痛苦都無法改變

這已經發生的事實。然而，從哲學的角度，我們又不得不思考，如果一件事情無法改變，我們就要在理智上、甚至情感上完全接受這件事情嗎？世界真是如此的話，人類就會變成沒有感情的機器，不會對事物做出任何情感上的判斷。人類就會安然接受無法改變的命運，並且對其他人的痛苦感到無動於衷。人類社會也就會變成毫無溫暖和感動的世界。

當一件事情發生以後，我們需要對這件事情做出反應，做出判斷，而不是僅僅保留接受的態度。即使我們所做的無力改變世界，我們依舊要如此。這才是合乎理性地對待過去的方法。

即使如此，為過去感到痛苦依舊是不夠理性的行為。我們來看一看一位為過去痛苦的人是如何敘述的。

我有視覺的第三天即將結束了。也許有很多重要而嚴肅的事情，需要我利用這剩下的幾個小時去看，去做。但是，我擔心在最後一個夜晚，我還會再次跑到劇院去，看一場熱鬧而有趣的戲劇，好領略一下人類心靈中的諧音。

到了午夜，我擺脫盲人苦境的短暫時刻就要結束了，永久的黑夜將再次向我逼近。在那短短的三天，我自然不能看到我想要看到的一切。只有在黑暗再次向我襲來之時，我才感到我丟下了多少東西沒有見到。然而，我的內心充滿了甜蜜的回憶，使我很少有時間來懊悔。此後，我摸到每一件物品，我的記憶都將鮮明地反映出那件物品是個什麼樣子。

我的這一番如何度過重見光明的三天的敘述，也許與你假設知道自己即將失明而為自己所做的安排不相一致。可是，我相信，假如你真的面臨那種厄運，你的目光將會儘量投向以前從未曾見過的事物，並將它們儲存在記憶中，為今後漫長的黑夜所用。你將比以往更用心的利用自己的眼睛。你所看到的每一件東西，對你都是那麼珍貴，你的目光將飽覽那出現在你視線之內的每一件物品。然後，你將真正看到，一個美的世界在你面前展開。

以上這段文字節選自海倫．凱勒的《假如給我三天光明》。這曾經擁有的三天光明會讓海倫．凱勒在失明的日子裡感受到痛苦，但是，海倫．凱勒卻是感謝如果能夠擁有三天的光明。這同樣應該是我們對待過去的態度。過去美好的失去，無論是打碎的咖啡杯、灑在地上的牛奶，還是曾經有過的三天光明，給我們帶來的並不應該是痛苦，而應該是幸福。這些回憶讓我們真正地感受到曾經擁有的美好，儲存這些美好的回憶會讓我們更幸福而不是更痛苦。

讓我們回憶一下自己曾經有過的旅程，在火車上，我們與其他人非常開心的交流，而到達目的地時又不得不彼此分別。我們是否真的在回憶起這些的時候為了分別感受到痛苦嗎？恰恰相反，我們感受到的是幸福。儘管我們與這些人可能永遠都不能再見，可能我們再也無法回到當初快樂的交流。儘管分別是痛苦的、無法改變的，我們卻會為這些過去感到開心，而不是痛苦。

很多人都願意去期盼美好的未來，因為在很多人的理解裡美好的未來就是幸福。而美好的過去與美好的未來都是人生的一段經歷，本質上沒有太多的區別。我們更應該以對待美好的未來去對待美好的過去。因為我們並不知道美好的未來什麼時候會成為現實，美好的過去卻已經成為現實。

不要為明日憂慮

「像人這樣短暫的一生，竟時刻嚮往如此渺茫的未來，而輕視可靠的現在，簡直是發了瘋。」這是法國著名啟蒙思想家盧梭對於未來的看法。他還認為，如果我們不能理性地去理解未來，未來就會變成我們的憂慮，從而影響到我們現在的生活。而如果我們能夠理性地去理解未來，我們就應該能夠安然地接受尚未到來的事情。

擔心未來與悔恨過去相同，無論我們怎樣擔心未來，只要我們不去行動，未來就不會有任何的改變，對於未來的恐懼也會隨著我們的擔心越來越深。

有一個非常貧窮的農夫，在拼死拼活的工作之後，好不容易存了一袋子的穀物，非常得意。回家以後，就用繩子把袋子懸吊在屋樑上，以防老鼠和盜賊。把穀物吊好後，當天晚上就睡在袋子下守護，他的心開始馳騁了起來：如果我能

把穀物賣出去，就可以賺一筆錢，可是我該怎樣才能把穀物賣出去呢？就算我真的把穀物都賣出去了，我就會從事商業，然後變得很富裕。這時，雖然很多女孩子就會來追我，那麼我該怎麼挑選合適的老婆。有孩子或許是一件好事，可是該給孩子取什麼名字呢？」他看看房子的四周，目光落在小窗子上，透過小窗子他可以看到月亮升起來了。

「多美的月亮！」他想著。「多麼吉祥的徵兆！那確實是一個好名字。我要叫他『賽月』……」當他再次害怕賽月不是一個好名字的時候，一隻老鼠找到了路，爬上那袋穀物，把繩子咬斷，就在他說「賽月」這兩個字的時候，袋子從天花板上掉下來，當場砸死了他。

在農夫行動之前，他的所有幻想都不會成為真實，他的所有恐懼也不會變成真實。如果農夫可以理性地看待未來，他會盡力去抓住老鼠，而不是去擔心未來孩子的名字。抓住老鼠這樣的行動會讓他避免對於未來最大的擔心——自己的死亡。

擔心尚未到來的事情是無益於增進我們的幸福的。因為理性地看待未來時，我們會發現兩種不同的未來：可以改變的未來和無法改變的未來。可以改變的未來並不值得我們的擔心，比如說一個年輕人擔心自己以後找不到老婆。這些完全可以透過自己的努力和追求來彌補。如果這個年輕人無法找到老婆已經是命中註定的了，那麼，擔心只會增加他的煩惱。增進自身幸福的最好方法就是儘量不去想這件事情。

擔心尚未到來的事情無益於改變未來，同樣無益於感受現在。擔心未來會折磨我們的內心，讓我們無法集中精力處理現在的事情，也就無法在現在的生活中發現可能存在的幸福。《聖經》這樣告誡我們，「不要為明日憂慮，明日自有明日的憂慮，一天的難處一天當就夠了。」明日會有明日的憂慮，今天同樣有今天的憂慮。不能好好的處理今天的事情，我們也就自然沒有辦法處理好明天的事情了。

在我們擔心未來的時候，未來已經變成現在。理性的人，不會太過於擔心未來，而是牢牢地把握住此刻。對於未來的擔心總是讓我們的心靈迷茫，使我們忘記了當下的時刻，反而沉浸在對未來的虛幻的想像之中。擔心未來只會不斷增加自己的負擔。

未來是永遠存在而且永無止境的，我們對於未來的擔心也同樣會如此。未來是現在的結果，可是人生的幸福並不僅僅關注於結果。我們在擔心未來的同時忽視了人生幸福的其他部分，割裂了幸福的整體價值。過去、現在、未來連接在一起才是幸福的全部。想要獲取幸福，我們既不能完全忽略過去，同樣也不能將更多的心思用來擔心未來，而是用自己的靈魂去感受幸福的整個過程。只有這樣的全過程在事物結束以後依然能夠給我們帶來幸福。

經歷生命，而非佔有生命

世界上存在這樣一種人：他們的屋子中堆滿了雜物，不捨得扔掉身邊的任何一件物品。而當我們試圖扔掉他們的某些物品甚至只是那些不再有任何用處的物品時，他們也會表現得非常痛苦。在他們的眼中，這些物品似乎並不僅僅是某種使用完的物品，而是有著非常特殊的意義。

這些異常行為的來源正是哲學家口中所提到的人們永遠存在的慾望。這類人渴望永久性佔有自己過去這種慾望異化成佔有生活中的各種物品。在這類人的眼中，這些物品並不是物品，而是與自己、自己的親人、朋友相關的回憶。他們不斷囤積物品實質上是在不斷囤積回憶，佔有回憶，以此來滿足自己強烈的佔有欲。

憑藉囤積物品來佔有過去的人在生活中並不多見，然而，我們卻可以在生活中發現與這些人擁有同樣強烈佔有欲的人。這些人中有的渴望獲得更多的金錢、財富和物質，有的渴望永久性地擁有他人，有的渴望擁有獨一無二的名譽和地位。這些人並不透過佔有物品來保留記憶，卻同樣透過佔有某種東西來保持自己的存在。他們所佔有的物品一旦被他人獲得，這類人同樣會感到特別的痛苦，甚至引發瘋狂的報復。

這種強烈的佔有欲望並不僅僅來自於他們本身，同樣也來自於這個商品經濟不斷發展的社會。德國人本主義哲學家愛利希·弗洛姆認為人的生命有兩種存在方式：一種是佔有，也就是透過不斷佔有周圍事物來證明自己的存在，完善自己的存在；一種是經歷，也就是透過不斷地獲取經驗來證明自己的存在，完善自己的存在。簡單來說，前者是透過佔有其他事物來獲取生命存在的意義，後者是透過經歷獲取經驗來獲取生命存在的意義。同時，弗洛姆也指出，不幸的是，商品經濟的發展促使人們更多地透過佔有去完善生命，而不是透過經歷來完善生命。

從弗洛姆的觀點中我們會發現，今天人們的很多渴望並不是來自於對事物本身的需求，而是對證明自身生命存在的需求。很多人會在失去某種物品或者愛情之後，錯誤地選擇自殺是因為這些物品或者愛情的失去導致了他們對於自身存在意義的動搖。同樣，我們也能夠認識到人類恐懼死亡同樣是因為人們渴望佔有生命。渴望佔有而不是渴望經歷也就導致了生命中的很多矛盾與痛苦，也就導致了痛苦人生的出現。

佔有生命以及透過佔有來獲取生命的意義並不是一種錯誤，任何人都有透過各種方式來鞏固自身存在意義的權力。可是，我們不能不說，這樣做並不理性，尤其是在我們不斷探尋生命、理解生命以後。佔有生命以及透過佔有來獲取生命無法為我們提供持久的意義，只能一時緩解我們的痛苦。

在生命旅程的過程中，我們所真正擁有的並非那些屬於我們名下的物品或者那些屬於我們的各種感情，而是我們的經歷。我們的經歷是任何人都無法奪取也無法毀滅的。只要我們曾經存在過，我們就曾經經歷過。只要我們曾經經歷過，我們就曾經存在過。這些經歷能夠撫慰我們的靈魂、豐富我們的生命、顯現我們與其他人的區別。

生命開始的時候，我們什麼也不會帶來；生命結束的時候，我們什麼也不會帶走。而從出生到死亡的經歷就存在於我們的生命之中，這些經歷讓我們的生命變得有意義，讓離開塵世的我們可以存在於他人的心中，讓我們能夠安然地面對生命的開始和結束。

Good Choice 大大的享受拓展視野的好選擇

給愛一個容器，婚姻才不會出現危機

人生視野系列 41

愛需要一個容器，用這個容器裝煩惱，裝憂愁，裝矛盾。
在沒有遇到適合妳的那個人之前，妳可能會覺得結婚需要考慮的東西太多太多了，但當妳真的遇見他時，妳會發現原來一切的一切都不是問題。為愛結婚，的確是件非常單純的事情。

婚姻的四堂輔導課：妳和他想的不一樣

人生視野系列 42

就人而言，結婚前和結婚後是絕對不一樣的！
婚後漸漸發現伴侶身上，從前沒覺察的毛病開始一一顯露。當然，他也發現了妳的一些未知缺點，所有的這一切都出乎妳的意料之外；而看起來，碰到這種狀況，也是他始料未及的……

面對感情時，可以賊一點

人生視野系列 43

情場上遇對手，並不需要好萊塢演技，要的是心機！
排除萬惡情敵，並不需要灑錢灑狗血，要的是算計！
攻略帥哥美女，並不需要驗血觀星象，要的是陰險！

折磨你的事不一定都是壞事

正面思考系列 39

安逸使人忘憂，緩慢漸進的危險是最危險的。

有人說，沒有風暴，再結實的船帆只不過是一塊破布；沒有坎坷，再優秀的人才只不過是紙上談兵。歷史教導我們，逆境是成功路上的真實考驗，而在遇到順境的時候，應該視之為夢幻。順境本應該是一個人成功的助力，沉迷於順境的人最終將會被順境這個隱匿的敵人所擊敗。

從零開始也是一種幸福：不靠爸哲學

正面思考系列 40

法國作家勒農說：「你不要焦急！我們所走的路是一條盤旋曲折的山路，要拐許多彎，兜許多圈子，時常我們覺得好似背向著目標，其實，我們總是越來越接近目標。」

懂得避開敵人的鋒芒，側面而行的人，即是勝者。

人生不就醬，幹嘛跟自己過不去

正面思考系列 41

比別人多一點努力、多一點自律、多一點決心、多一點反省、多一點學習、多一點瘋狂，每一種都多一點點，驚喜隨時就在你我身邊！

Good Choice 大大的享受拓展視野的好選擇

生活隨緣，放下自在

生活禪系列 27

派一種意念去與大地來往，遣一種恬淡去與流雲交融，帶一種靜默去與小草對話，攜一種溫馨去與自然共覓神性。瀟瀟灑灑坦坦誠誠將紛至沓來的聲音拒於門外，冷笑與熱諷便不會再來打擾你幽美的夢境。

心想事成，萬事順遂，只是一種美好的願望而已。苦難同樣是人生的必含內容。一個人透過承受苦難而獲得的精神價值，同樣是一筆特殊的財富……

我和佛陀有個約

生活禪系列 28

我們生來是為了和世間的人相聚團圓？

是為了在出生的時候聽到他人的歡喜大笑，在死的時候聽到別人為自己痛哭流涕？不是。來到這人世間，我們是要發揮自己的價值，雖然與整個世界相比，「我」是如此微薄，但仍能夠主宰自己的命運，成全又一份人生價值。

生命路途的兩岸總是有太多的不如意，一顆豐裕、淡然的心卻能豐富生命的旅程，讓人欣然安住。

誰沒有煩惱？：覺醒的生命力量

生活禪系列 29

沒有一件事的存在是例外。

欲行平坦路，先令平其心。

樂活當下，做好每一件小事，活在當下，且行且收穫。

生活是一串念珠，無數的煩惱寄託在念珠之上，轉過去了，煩惱消失了一個，轉回來，煩惱又再來一個。

真正的禪者在不斷的懺悔和寬心之中，就能輕鬆地撚動著佛珠，在塵世裡捕獲屬於自己的幸福。

TALENT Tool

大大的享受拓展視野的好選擇

大拓 Talent Tool

永續圖書線上購物網
www.foreverbooks.com.tw

謝謝您購買 生命卑微不卑賤 這本書！

即日起，詳細填寫本卡各欄，對折免貼郵票寄回，我們每月將抽出一百名回函讀者寄出精美禮物，並享有生日當月購書優惠！

想知道更多更即時的消息，歡迎加入"永續圖書粉絲團"

您也可以利用以下傳真或是掃描圖檔寄回本公司信箱，謝謝。

傳真電話：（02）8647-3660　　信箱：yungjiuh@ms45.hinet.net

☺ 姓名：＿＿＿＿＿＿　□男　□女　□單身　□已婚

☺ 生日：＿＿＿＿＿＿　□非會員　□已是會員

☺ E-Mail：＿＿＿＿＿＿　電話：（　）＿＿＿＿

☺ 地址：＿＿＿＿＿＿＿＿＿＿＿＿

☺ 學歷：□高中及以下　□專科或大學　□研究所以上　□其他＿＿＿

☺ 職業：□學生　□資訊　□製造　□行銷　□服務　□金融

□傳播　□公教　□軍警　□自由　□家管　□其他＿＿＿

☺ 您購買此書的原因：□書名　□作者　□內容　□封面　□其他＿＿＿

☺ 您購買此書地點：＿＿＿＿＿＿　金額：＿＿＿＿

☺ 建議改進：□內容　□封面　□版面設計　□其他＿＿＿

您的建議：＿＿＿＿＿＿＿＿＿＿＿＿